SABADEL 1789-1989

Chronique d'un village des Causses du Quercy

aux 19ème et 20ème siècles

Michel MAGOT

Copyright © 2018 Michel Magot

Tous droits réservés.

ISBN : 978-2-9564363-0-0

A Berthe Combelles, Daniel Couderc et Simone Rouquié,
qui sont partis pendant la préparation de cet ouvrage

SOMMAIRE

REMERCIEMENTS --- 1

PRÉFACE DE NEIL MACMASTER -- 3

Plan du bourg de Sabadel --- 5
Plan de la commune de Sabadel et ses lieux-dits ----------------------------- 7

1- 1789-1830. LE TEMPS DE LA RÉVOLUTION ? ------------------------- 9
Sabadel au printemps 1789 -- 10
Le cahier de doléances -- 13
Gaspard Rives, l'homme de la situation ------------------------------- 15
Les conséquences de la Révolution à Sabadel ----------------------- 19
Le château de Sabadel -- 23
La vie quotidienne à Sabadel de 1789 à 1830 ----------------------- 25

2- 1830-1870. SABADEL SURPEUPLÉ ------------------------------------- 33
L'agriculture --- 34
L'artisanat et le commerce --- 36
L'agrandissement de l'église --- 39
L'essor de l'école et les progrès de l'instruction ----------------------- 41
La construction des routes et l'ouverture vers l'extérieur ---------- 48
La guerre de 1870 -- 52

3- 1870-1914. LES GRANDS BOULEVERSEMENTS ----------------------- 55
L'émigration des jeunes sabadellois ------------------------------------ 57
L'affaire du Conseil de Fabrique -- 72
La gendarmerie de Sabadel --- 79
Les sabadellois face à la loi --- 81
Une vie paysanne qui évolue lentement ------------------------------- 84
Artisanat et commerces au tournant du siècle ------------------------ 87
Images de la vie à Sabadel de 1870 à 1914 --------------------------- 96

4- 1914-1945. D'UNE GUERRE À L'AUTRE -------------------------------- 101
La première guerre mondiale --- 101
La vie à Sabadel dans l'entre-deux-guerres -------------------------- 107
1914-1945 : De dignes successeurs à l'école de Sabadel ----------- 122
La seconde guerre mondiale -- 126

5- 1945-1989. LES TEMPS MODERNES -- 131
    La mécanisation et la modernisation de l'agriculture ---------------------- 132
    La modernisation du village et des ménages -------------------------------- 141
    Une école qui change d'époque --- 146
    La fin des commerces -- 150
    La fin de la vie traditionnelle --- 155
    Sabadel vers un autre destin -- 164

POSTFACE DE JEAN BLANC -- 167

BIBLIOGRAPHIE ET REFERENCES --- 169

TABLE DES ILLUSTRATIONS --- 173

CREDITS --- 175

A PROPOS DE L'AUTEUR -- 175

REMERCIEMENTS

Ce livre n'aurait probablement pas vu le jour sans la participation de Neil MacMaster et Jean Blanc. Le premier proposa l'idée d'un travail sur le village de Sabadel, et m'a apporté ses précieux conseils d'historien. Le second, descendant d'une longue lignée de Sabadellois, passionné par l'histoire de son village, m'a donné accès à ses archives familiales et à sa collection de photographies. Il a également effectué des recherches spécifiques qui ont enrichi ce travail. Tous deux m'ont constamment encouragé dans cette entreprise et y ont apporté leurs trouvailles et leurs suggestions. Qu'ils trouvent ici le témoignage de ma profonde gratitude.

Mes remerciements vont aussi à ceux qui ont consacré un peu de leur temps à restituer leurs souvenirs au cours de longues entrevues, et à dénicher des documents précieux : Serge et Christiane Bastide, Jacqueline Bruno, Eva Bruyères, Huguette Carrières, Berthe Combelles, Daniel Couderc, Michel Couderc, Marie-José Delsériès, Jeannette Lacoste, Yvonne Mazot, Robert Périé, Fernande Pons, Simone Rouquié, Jeanine Sansépée, Juliette Soursou, Arlette Talayssac, Jeanine Vinnac.

Merci aussi à Anne Valette pour son aide dans la traduction du latin.

Et je ne peux évidemment pas oublier Colette, pour sa patience, ses relectures et ses précieuses suggestions, et pour le temps que je lui ai volé.

PRÉFACE

La première fois que j'ai vu Sabadel, j'ai pensé, sans doute comme beaucoup d'étrangers qui se sont arrêtés pour admirer le village en longeant la D13, "Quel joli hameau !". Mais, à la réflexion, je ne pouvais pas imaginer qu'il se soit passé tellement de choses ici. Comment pouvait-on se tromper à ce point ! Comme l'indique l'histoire racontée ici par Michel Magot, ce coin apparemment tranquille de la France profonde a eu une histoire riche et souvent surprenante, depuis son rôle dans les débuts de la Révolution française jusqu'à la diffusion mondiale de ses nombreux émigrés en Argentine, en Algérie, Colombie et Russie. Surtout, les Sabadellois formaient une communauté qui s'adaptait à un environnement rude, à des hivers rigoureux, à la sécheresse et aux sols rocailleux, avec compétence, ténacité et humour. Peut-être seul un enfant du pays comme Michel Magot pouvait-il pu réussir à tisser une histoire aussi complexe, sachant persuader tant de Sabadellois de fouiller dans leurs greniers et leurs coffres poussiéreux pour y retrouver des photographies, des journaux intimes, des lettres et livres comptables, et de restituer leurs propres souvenirs de la vie dans le passé. Le résultat est, comme vous le verrez, une belle histoire qui suit à travers deux siècles une communauté unique avec une profonde perspicacité qui intéressera autant les « étrangers » (ceux d'un autre pays ou ceux d'une autre région de France), que les habitants de Sabadel et leurs familles dispersées.

Neil MacMaster
Historien, University of East Anglia (UK)

1. Mairie
2. Lavoir et source
3. Saboterie et épicerie Saillens (1872-1920 environ)
4. Emplacement du blason
5. Eglise
6. Probable école des garçons avant 1895
7. Maison Rives
8. Epicerie Régis (1930-1953)
9. Ecole des filles avant 1895
10. Café-restaurant (1930-1940 environ)
11. Boulangerie Delsériès et sabotier Imbert
12. Epicerie-Café Vinnac (1955-1985)
13. Epicerie Vinnac (1920-1955 pour le petit local, puis 1965-1985 pour la maison)
14. Forgeron et café Guittard (1870-1900), chiffonnier Cabessut
15. Café Saillens vers 1900, charcuterie Cabessut vers 1950
16. Ancien presbytère
17. Ecole (1895-2018)
18. Caserne de gendarmerie (1852-1904)
19. Ferme de Ferrasse

Le bourg de Sabadel

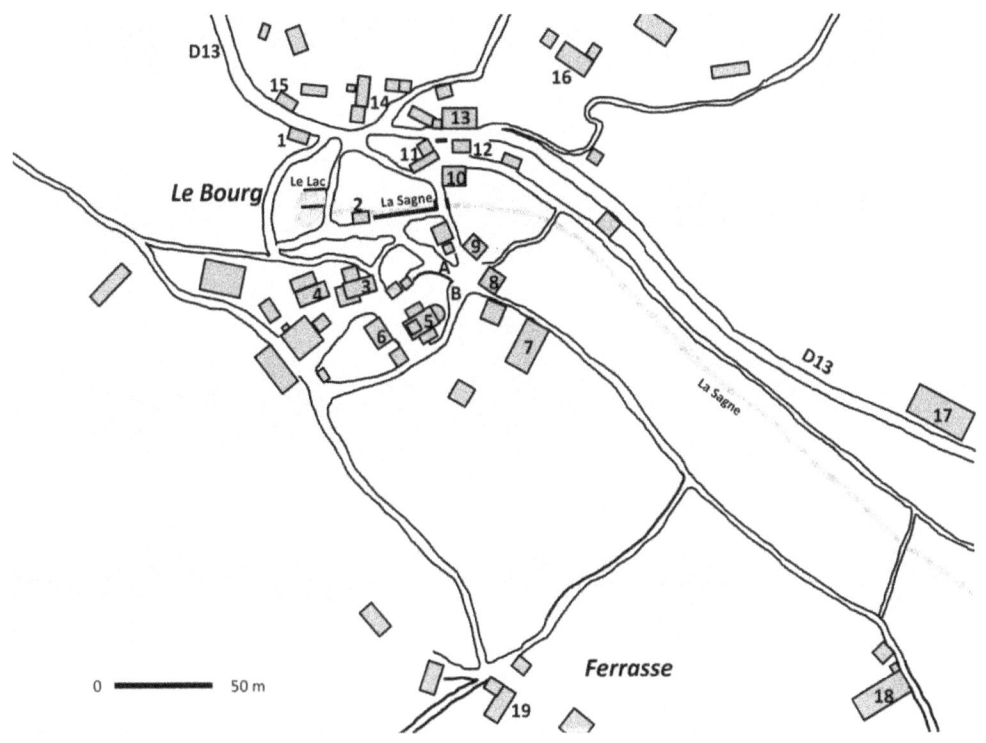

Michel Magot

La commune de Sabadel et ses lieux-dits

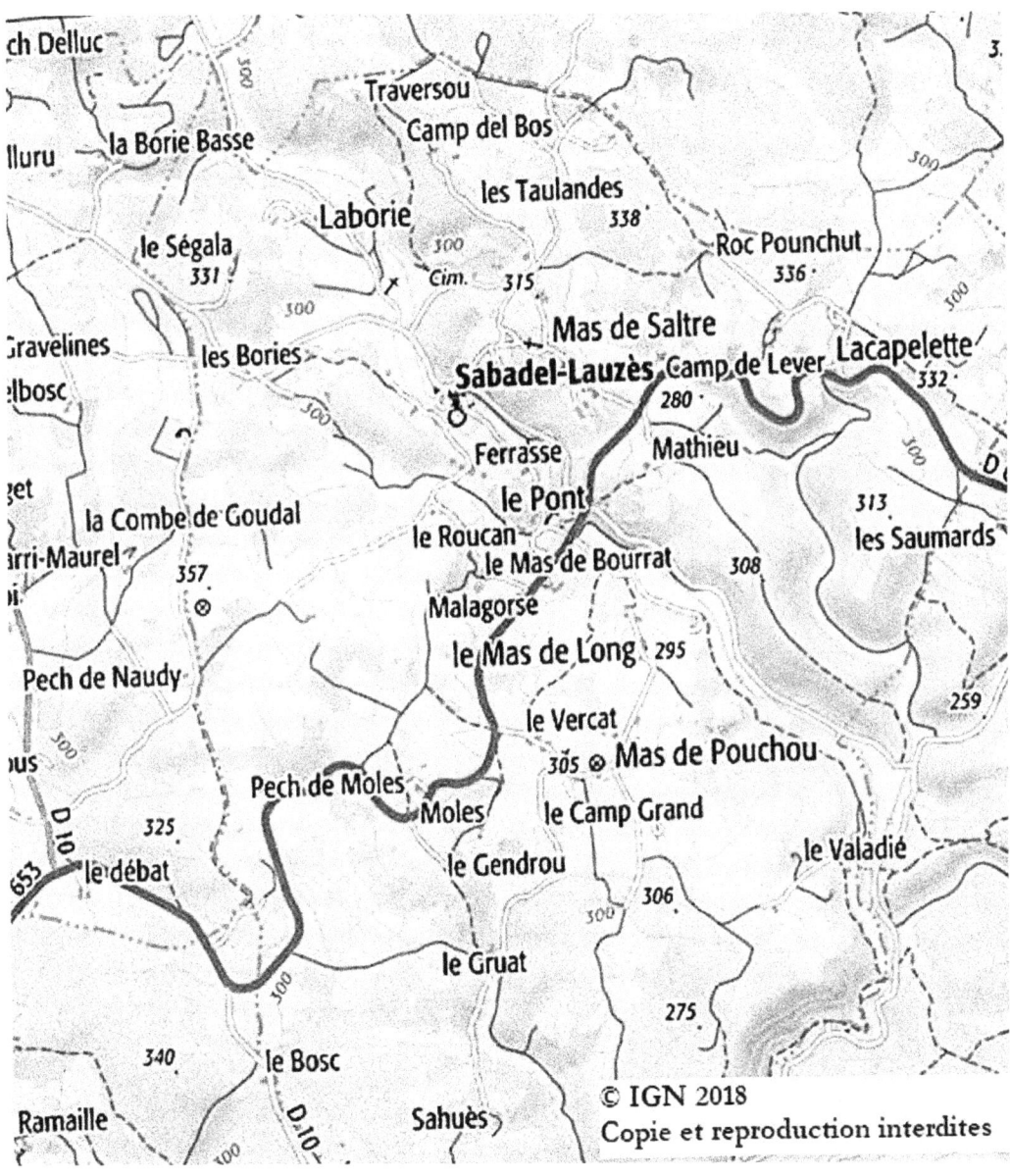

1

1789-1830. LE TEMPS DE LA RÉVOLUTION ?

L'histoire de Sabadel ne commence bien entendu pas en 1789. Sans remonter jusqu'à l'antiquité, on peut penser qu'un nouvel épisode de son histoire avait débuté au milieu du 15ème siècle, après la fin de la guerre de cent ans. Le Quercy était alors dépeuplé, et les seigneurs décidèrent d'inféoder leurs terres à des « étrangers » venus du Limousin, du Rouergue et de l'Auvergne [1]. C'est donc sans doute à cette époque que, grâce à l'apport de migrants, le village de Sabadel commença à se peupler, ou à se repeupler. Suivant l'important accroissement démographique observé dans le Lot au 18e siècle, sa population avait déjà beaucoup augmenté avant 1789. Comme on le verra, cette expansion démographique vigoureuse va se poursuivre jusqu'en 1850, avant qu'un brutal déclin ne s'ensuive. Dans les dernières années précédant la Révolution, les caprices du climat[1] ont conduit à des récoltes catastrophiques, qui ont engendré une terrible disette dans le pays. Les habitants des villages des Causses en ont particulièrement souffert, menant alors une vie extrêmement difficile. Ils se trouvent dans un état de misère plus profonde encore que celle de leur habituelle pauvreté à l'aube des événements de 1789.

---

[1] L'éruption d'un volcan en Islande en 1783 fut à l'origine d'un dérèglement climatique provoqué par les cendres qui obscurcirent durablement le ciel. Les hivers rigoureux qui s'ensuivirent conduisirent à de mauvaises récoltes. On voit dans ces événements et la misère qu'ils provoquèrent les racines de la révolution française.

Sabadel au printemps 1789

Que verrions-nous, que reconnaitrions-nous de Sabadel si, par un quelconque miracle, nous pouvions nous y retrouver transportés quelques 230 ans dans le passé, au printemps 1789 ? Il est probable que les lieux nous paraitraient familiers au point de nous y sentir encore en pays connu, mais nous y serions néanmoins surpris par quelques aspects du paysage très différents d'aujourd'hui. Bien sûr, les documents datant de cette lointaine époque sont si rares qu'on est contraint, pour remonter dans ce passé, d'extrapoler des informations glanées dans des documents ultérieurs. Le cadastre napoléonien, ou la remarquable et volumineuse « *Statistique du département du Lot* » publiée en 1831 par le préfet Delpon [2], sont pour cette tâche des outils précieux. A l'inverse, si on compare ces descriptions du début du 19e siècle à la situation décrite 50 ou même 100 ans plus tard, on constate que les évolutions dans les Causses pendant tout le siècle qui a suivi la Révolution de 1789 ont été particulièrement lentes. On peut donc imaginer sans trop de difficulté ce qu'était Sabadel en 1789 à partir de descriptions faites jusque vers 1870.

Que verrions-nous donc ? La géographie de Sabadel était bien sûr la même qu'aujourd'hui : un bourg blotti entre deux coteaux opposés, la Sagne coulant d'une eau abondante et claire au centre du village et passant sous son petit pont. La grande mare (« le lac ») et la fontaine étaient là, qui jouaient alors certainement un rôle social important puisque c'était nécessairement un endroit où l'on devait se rendre souvent : on allait puiser de l'eau à la source, ou on conduisait les animaux pour qu'ils s'abreuvent à la mare. On pouvait alors s'y échanger le bonjour et les nouvelles du pays. Néanmoins, le lavoir n'avait pas encore été construit, et n'était donc pas le lieu favori des bavardages des lavandières. Le petit pont qui enjambe la Sagne au centre du bourg, sans doute déjà bâti en pierres en cette fin de 18e siècle, était un point de passage important, à une époque où la belle allée de platanes qui va aujourd'hui de la mairie à l'église n'existait pas encore. Il permettait aux habitants de la rive gauche de la Sagne de se rendre à l'église le dimanche, ou de visiter les hameaux plus éloignés de la rive droite. L'église, quant à elle, nous semblerait plus petite, et peut-être encore plus jolie qu'aujourd'hui. On ne lui avait pas encore adjoint ses deux chapelles, et son portail s'ouvrait sur son flanc gauche.

En levant un peu la tête pour voir le paysage alentour, l'impression générale que nous aurions aurait sans doute été assez semblable à celle d'aujourd'hui. Sabadel était au cœur d'une campagne boisée. Le préfet Delpon nous indique que, « *avant la*

Révolution, les bois (du département du Lot) les plus considérables et les mieux fournis d'arbres de haute futaie, étaient la forêt de la Lusette, dans la commune de Sousceyrac, qui appartenait à M. le duc de Luynes, celle des religieuses de Leyme, dans la commune de ce nom, et les bois de Vialolles, entre Cabrerets et Sabadel, arrondissement de Cahors, qui ont été vendus par les héritiers de M. le duc de Biron. Pendant la Révolution, la plupart de ces bois ont été rasés ; il n'y a aujourd'hui que le sol granitique et quelques parties des cantons de Livernon, de Gramat, de Labastide, de Payrac, de Lauzés, de Salviac et de Cazals qui soient passablement garnis d'arbres de haute futaie » [2][2]. Sabadel devait donc être assez boisé en 1789, mais le sera beaucoup moins en 1830. La couverture forestière ne recommencera à s'étendre qu'au 20ᵉ siècle.

C'est en nous rendant dans les hameaux de la commune que nous serions le plus surpris. Certes, Sabadel était parcouru par un réseau de chemins assez dense, bien plus nombreux que dans la commune voisine de Lauzès, reliant chaque hameau, chaque ferme aux autres. Cette densité de chemins était rendue nécessaire par la dispersion des habitats, et par le nombre déjà important d'habitants du village. Mais à la mauvaise saison, ces sentiers étroits et mal entretenus étaient bien peu praticables et il fallait alors beaucoup de courage ou des raisons bien impérieuses pour parcourir ne serait-ce que la distance reliant le bourg à Lacapelette.

Si néanmoins nous étions parvenus à aller jusque là, ou aux Bories, au Pech de Naudy, au Mas de Pouchou ou d'autres lieux-dits, nous y aurions encore trouvé matière à nous étonner. Le nombre de maisons qu'on pouvait y voir était incomparablement supérieur à celui d'aujourd'hui, maisons dont pour la plupart on ne retrouve d'ailleurs même plus de ruines. Toutefois, une observation attentive au fil des promenades nous permet encore de déceler l'emplacement de ces habitations, même en plein bois, par un agencement particulier des murs de pierres, et par les ouvertures qui y étaient ménagées. Certaines de ces maisons nous auraient sans doute parues assez récentes en 1789. En raison de l'augmentation de la population, beaucoup avaient été construites dans la seconde moitié du 18ᵉ siècle, comme en attestent quelques dates figurant sur des linteaux de portes encore visibles aujourd'hui[3]. D'autres seront encore bâties au début du 19ᵉ siècle, avant qu'une nouvelle période de travaux après 1870 ne concerne plutôt des reconstructions ou des agrandissements de maisons. Les habitations étaient petites et peu soignées, et ne comportaient le plus souvent qu'une seule pièce où cohabitaient parfois hommes et animaux [2]. Comme les granges, elles devaient être souvent couvertes de chaume, à

---

[2] Tous les textes en italiques sont des citations des documents originaux ou des propos tenus lors des entrevues.
[3] Des bâtisses plus anciennes encore sont toujours debout : les fermes de Ferrasse (1728), de Pech de Moles (1742), et la maison du Sabotier Saillens dans le bourg (1734).

l'origine de nombreux incendies qui furent rapportés dans les journaux du 19ᵉ siècle. Certaines avaient sans doute aussi des tuiles car de nombreuses tuileries existaient dans le Lot au début du 19ᵉ siècle [2].

Peut-être que ce qui nous surprendrait le plus serait ce à quoi nous nous serions le moins attendus avant d'entamer ce voyage dans le temps : les sons, ou surtout leur absence. Aucun véhicule ou engin agricole, aucun outil motorisé, aucun avion dans le ciel pour troubler le calme de cette campagne ancestrale. Tout au plus entendrions nous, couvrant de temps en temps le chant des oiseaux et le bruit du vent dans les branches, quelques coups de maillet donnés par le sabotier ou le menuisier, le son clair de l'enclume d'un forgeron, ou la scie du scieur de long ou du charpentier.

Comme Sabadel comptait environ 500 habitants vers 1789, la dernière surprise de ce périple dans le temps tiendrait aux nombreuses rencontres faites au hasard des chemins ou dans le bourg ; mais il aurait été difficile pour un visiteur venu du 21ᵉ siècle de dialoguer : personne ou presque ne parlait français !

Maison du sabotier Saillens construite en 1734

Le cahier de doléances

Nous sommes au printemps 1789. Depuis quelques années, le roi Louis XVI et ses ministres étaient confrontés à une importante crise financière et politique qui affectait durement leurs sujets, et ceux-ci commençaient à manifester leur mécontentement. En août 1788, le roi avait décidé de réunir au printemps suivant les États Généraux des trois ordres du Royaume, Noblesse, Clergé et Tiers-État, qui n'avaient pas été convoqués depuis 1674 [3]. Il fut décidé en janvier 1789 que des assemblées de paroisses se réuniraient d'abord pour préparer des cahiers de doléances destinés à recueillir les avis du peuple de France. Dans le cas du Tiers-État, qui regroupait alors 98% des français [3], une synthèse de ces cahiers serait par la suite réalisée par des assemblées de sénéchaussée, qui pour Sabadel se tiendraient à Cahors [1]. C'est un dimanche après la messe, jour traditionnel des assemblées de village, que les hommes âgés de 25 ans et plus, inscrits sur les rôles des impôts, se réunirent à Sabadel. C'était probablement le dimanche 8 mars, comme ce fut le cas dans la majorité des paroisses du Lot et de France.

Le cahier de Sabadel fait partie des 107 cahiers de la sénéchaussée de Cahors qui ont été retrouvés. A l'examen de celui de Sabadel et de ceux des communes les plus proches, on constate que ces documents sont de tailles très inégales : le cahier de Sabadel tient en 3 pages de la compilation publiée par la Bibliothèque Nationale de France, alors que celui de Lentillac occupe plus de 9 pages [4]. Le document de Sabadel porte la signature de 10 villageois : Bastide, Soldadié, Baras, Fauri, Vinnac, Grimal, Magot, Blanc, Guitard, Rives, auxquelles il faut ajouter un « Labarthe, postulant » qui devait être le représentant du juge. Ceux là sont-ils les seuls à avoir participé à cette assemblée, ou les seuls à avoir signé parce qu'ils étaient les plus éduqués et qu'ils savaient lire et écrire ? Il est impossible de le dire puisque le procès verbal de la réunion n'a pas été retrouvé. On peut au passage noter que les noms figurant sur cette liste illustrent la grande stabilité de la population de Sabadel, puisque la plupart de ces patronymes vont persister et ceux qui les portent continuer à animer la vie du village au cours des deux siècles suivants, et même au-delà pour certains d'entre eux. Cette stabilité est une caractéristique des villages des Causses et des régions où les échanges avec l'extérieur ont longtemps été limités par la géographie ou l'absence de voies de communication. Les familles sont restées ancrées sur leurs terres, se transmettant la propriété au fil des générations, et les apports extérieurs de population ont été très limités jusque vers la fin du 20e siècle.

Le contenu du cahier de Sabadel, assez bref, nous révèle finalement assez peu de choses du village dans la mesure où il ressemble à celui de nombreux autres cahiers, et a sans doute été inspiré de modèles qui ont circulé et été repris par de nombreuses communautés villageoises partout en France. Préparés par les « Patriotes », ces modèles n'étaient en réalité ni particulièrement révolutionnaires, ni vraiment audacieux [3]. On s'y plaignait d'abord de la pression « *exorbitamment accrue* » depuis cinquante ans des impôts, avec quelques considérations générales sur les finances du Royaume dont on peut douter qu'elles aient été soulevées par les modestes paysans de Sabadel. Le ton n'est pas très revendicatif, encore moins révolutionnaire. On y avait écrit que puisque « *le Roi est dans la volonté de l'alléger, nous ne demandons pas de lui ce sacrifice en ce moment ; nous continuerons de payer avec la même tranquillité que par le passé* ». Surprenant, et pas vraiment dans le ton des cahiers des communes voisines ! Le deuxième thème abordé se retrouve lui aussi dans la plupart des cahiers de doléances ; on contestait la manière dont la justice était administrée, sa lenteur, sa complexité et son coût. Comme ailleurs, on lui reprochait aussi son inefficacité à endiguer et à punir les « *gens avec des dispositions au mal ; cela paraît même héréditaire dans certaines familles* ». Viennent enfin des remarques plus spécifiques de la situation de Sabadel, à commencer de nouveau par l'imposition : « *La communauté… se croit taxée d'une quotité de taille et de capitation trop grande* » (par rapport aux autres communautés). En réalité, le mode de répartition des impôts par les sénéchaussées conduisait partout chaque communauté villageoise à considérer qu'elle était plus taxée que le village voisin. Le dernier point brièvement abordé dans le cahier de Sabadel concerne le mauvais état des sols, entamés par des ravines et emportés par les pluies. Alors que la rédaction des cahiers de doléances évoque aujourd'hui le premier acte d'une démarche révolutionnaire, il est évident à leur lecture que ce ne fut pas partout le cas. De ce point de vue, la conclusion de celui de Sabadel mérite d'être rapportée dans son entier, tant elle marque de respect et de révérence pour le pouvoir en place : « *Il n'est pas nécessaire d'insister sur ce dernier article* (l'état des sols) *: il est d'une si grande importance qu'il n'échappera pas à la prévoyance des États Généraux, qui s'occuperont de tout. Le Roi les appelle autour de lui pour les consulter : quel spectacle frappant que celui de le voir descendre du trône, se mêler parmi ses sujets, et converser familièrement avec eux comme un père avec ses enfants ! Il prouve et justifie l'idée qu'on a toujours eu de sa bonté. Fasse le ciel que ses jours soient prolongés aussi loin qu'ils peuvent l'être !* ». Comme nous n'avons pas de compte-rendu de cette assemblée de la communauté, il est impossible de savoir si tous les participants se satisfaisaient de cette modération dans les revendications, ou si seulement certains, en particulier les plus éduqués, ont fait prévaloir leur seul point de vue. Il est en tout cas très probable que le consul Gaspard Rives, dont nous verrons que les convictions royalistes étaient indiscutables, a pesé par son influence.

Gaspard Rives, l'homme de la situation

Une cloche qui fut fondue pour l'église de Sabadel en 1784, outre les inscriptions religieuses qu'elle portait, nous a transmis des informations précieuses sur l'administration du village avant la Révolution. On y lit les noms des personnages influents du village à la fin du 18e siècle : le curé Pégourié, Marie Montal (épouse de) Rives, consul, les administrateurs Vinnac et Baras, et le chirurgien (médecin) Baras. En dehors probablement du curé, les noms figurant ici doivent être ceux des donateurs qui ont permis la fonte de la cloche. Le dernier consul (ou maire) de Sabadel de l'ancien régime s'appelait donc Rives, le même homme qui figure parmi les signataires du cahier de doléances, et qui va devenir le premier maire du nouveau régime politique : Gaspard Rives, dont on retrouvera le nom au bas de tous les actes de l'État Civil de Sabadel jusqu'en 1814 [5].

Cloche de 1784 : empreinte de lézard et détails de l'inscription

Avant 1789, la paroisse avec son curé à sa tête et la « communauté » dirigée par le premier consul (il y en avait parfois 2) étaient souvent en conflit. Le curé était nommé par l'évêque, et les consuls étaient des officiels laïques ayant une autorité réduite, cooptés plutôt qu'élus, dont le nom devait recevoir l'agrément de l'évêque. Ils étaient les principaux officiers municipaux, en général des gens respectés du village [6]. Le 12 novembre 1789, l'un des premiers actes du nouveau pouvoir après les événement révolutionnaires de l'été fut de créer les municipalités pour servir de gouvernement local en remplacement des communautés villageoises. En décembre,

La cloche de 1784

Inscription

✝ SANCTE JOANNES BAPTISTA DECOLLATE ORA PRONOBIS LAUDO DEUM MORTOS PLORO PLEBEM UOCO TEMPESTATES Q. REPELLO. HOC SACRUM TINTINABULUM ITERUM LIQUEFACTUM
✝ ANNO 1784 PAT DD- LUDOVICUS PEGOURIE HUIUS ECLESIAE RECTOR MAT DD MARIA MONTAL DE RIVES CONSUL GUIL^{ME} VINNAC PET. BARAS PROCURATORI BARAS CHIRURGUS

✝ Saint Jean Baptiste décapité prie pour nous Je loue Dieu Je pleure les morts J'appelle le peuple Je repousse les tempêtes. Cette cloche sacrée fondue à nouveau
✝ En l'an 1784 (PAT DD) Louis Pégourié recteur de cette église (MAT DD) Marie Montal de Rives, consul. Guillaume Vinnac, Pierre Baras, administrateurs Baras, chirurgien

La cloche porte l'empreinte d'un véritable lézard piégé lors de la fonte. Fêlée, elle a été déposée en 1997 et remplacée par une copie identique, alors que l'originale était confiée au Musée Européen d'Art Campanaire de l'isle-Jourdain. A l'occasion de ce remplacement, un mécanisme de programmation des sonneries a été installé.

deux décrets leur permettent de gérer les biens communs et les finances [6], et quelques jours plus tard, le 14 décembre 1789, les 36000 communes de France sont créées [3]. C'est l'acte de naissance de la commune de Sabadel, au sein du nouveau département du Lot, qui lors de sa création, compte plus de 400 000 habitants, et est divisé en 6 districts et 489 communes. Dans ces premiers temps des nouvelles structures administratives, Sabadel est dans le canton de Cabrerets, et ce n'est que 10 ans plus tard, en 1799, que Lauzès deviendra le nouveau chef-lieu. Bien qu'elle fût alors une des plus petites communes du canton, elle ne devra sa promotion qu'à sa position centrale, à son accès plus facile et à un local disponible pour les réunions [7]. Le périmètre définitif du canton ne sera adopté qu'en 1863 [7].

La maison Rives. A gauche l'église, en arrière plan le presbytère

Au printemps 1790, lors des premières élections municipales du nouveau régime, Gaspard Rives, médecin, est nommé maire. Ce même Gaspard Rives (1741-1818) était président du district de Cahors dans les premiers temps de la Révolution. Il descendait probablement d'une longue dynastie de médecins de Cahors, dont on trouve la trace dès le 17e siècle. Cette famille possédait, sans doute depuis sa construction, une grande demeure de Sabadel posée à quelques dizaines de mètres de l'église, qui fut bâtie au 17e siècle puis agrandie au 18e[4]. La cour de cette maison

---

[4] Emplacement 7 sur le plan du Bourg p. 5.

remarquable du village, que nous appellerons ici « maison Rives », était initialement entourée de plusieurs granges dont certaines ont été détruites pendant la première guerre mondiale en raison de leur mauvais état. On accédait à la propriété par 2 grands porches en pierre, et la bâtisse était pourvue d'un pigeonnier et d'un four à pain qui ont aujourd'hui disparu [8].

Mais revenons au printemps 1789. On l'a vu, Gaspard Rives a contribué à la rédaction des cahiers de doléances, et on peut affirmer sans grand risque de se tromper qu'il en a été le principal inspirateur. Il a d'ailleurs aussi participé à l'assemblée du 16 mars pour préparer le cahier de doléances de Lentillac [4]. Il fut élu représentant du Tiers État à la première assemblée réunissant 856 députés des trois ordres qui s'est tenu le 9 mars à Cahors pour préparer les États Généraux. Cette élection nous confirme que, bien que notable important de la Sénéchaussée, Gaspard Rives n'était pas noble. Il fut ensuite retenu parmi le quart des représentants pour une nouvelle assemblée qui se tint du 16 au 26 mars [1] [7], mais il n'a pas été élu délégué du tiers-état représentant la Sénéchaussée lors de la tenue des États Généraux qui s'ouvrirent à Versailles le 5 mai 1789. Il semble bien néanmoins qu'il ait décidé de s'y rendre de son propre chef, ou qu'il y assista comme président du District de Cahors. Jeanine Sansépée, lointaine descendante de Gaspard Rives, se souvient avoir vu des lettres malheureusement perdues où il relatait son séjour à Versailles. Il semble que cette correspondance traitait assez peu d'affaires politiques, mais qu'elle s'attachait plutôt à décrire les fastes de la Cour de Versailles, les costumes, et tout l'apparat dont on imagine aisément la forte impression qu'ils pouvaient faire sur un notable du Lot peu habitué à fréquenter la Cour [8]. Ce peu d'intérêt pour l'agitation politique ne doit pas surprendre de la part d'un royaliste convaincu, comme en atteste la réaction de Gaspard Rives lorsque Louis XVI fut exécuté le 21 janvier 1793 : il fit repeindre en noir toutes les boiseries, fort nombreuses, de la maison de Sabadel. Elles ne furent restaurées qu'au milieu du 20e siècle. Quoi qu'il en soit, et quelles que furent les conséquences du mouvement révolutionnaire à Sabadel, Gaspard Rives sut s'adapter et resta maire de la commune jusque vers la fin du Premier Empire en 1814, où il céda sa place à son fils Jean-Louis. Il mourut à Sabadel le jour de Noël 1818, à l'âge de 77 ans.

Les conséquences de la Révolution à Sabadel

A quel point les villageois de Sabadel ont-ils participé au mouvement révolutionnaire et en ont-ils perçu les conséquences ? Le cahier de doléances, mais aussi tout ce que nous avons pu reconstituer de la vie du village pendant les deux siècles qui ont suivi, n'indiquent en rien qu'ils furent une population particulièrement vindicative, ni qu'ils aient été imprégnés des idées révolutionnaires. D'ailleurs, le préfet Delpon, parlant des habitants de Sabadel, écrivait en 1830 : « *Les penchans* (sic) *sont doux et sociables, les contestations peu communes. On voit peu de querelles entre les habitants de cette contrée* ». Une statistique judiciaire pour la période 1810-1860 confirme ce caractère débonnaire : 15.9% des interventions du Juge de Paix du canton de Lauzès se terminent par un jugement, le reste étant réglé par la conciliation. C'est à l'opposé 100% des conflits qui se réglaient par un procès dans le canton de Limogne [9]. Par ailleurs, les habitants du Lot sont décrits comme complètement dépolitisés à cette époque [10], conséquence sans doute de l'éloignement et de l'isolement des villages. Le pouvoir royal est loin des préoccupations des paysans du Causse. Ils ne le connaissent guère que par les impôts qu'il leur inflige [1]. Enfin, l'influence du monarchiste Gaspard Rives tempéra sans nul doute les ardeurs révolutionnaires qui auraient pu se manifester ici ou là. Il semble en tout cas qu'aucun événement majeur ne se produisit à Sabadel au cours de la période révolutionnaire, tout comme le note François Petitjean [7] à propos de Lentillac. Les raisons en sont probablement les mêmes que celles invoquées pour cette commune voisine : il n'y avait pas de château à brûler, et pas de congrégation religieuse ou de bien national important sur le territoire de Sabadel. Et même si les 30 et 31 juillet 1789 la Grande Peur[5] a traversé le Quercy [1], il n'est pas certain qu'elle ait beaucoup ému les villages des Causses.

Des changements eurent néanmoins lieu, qui influèrent sinon sur la vie quotidienne des sabadellois, au moins sur leurs relations avec l'administration communale et leurs obligations nationales. Le tout premier sujet qui les concerna fut sans doute celui des impôts. On estime qu'à la fin du 18e siècle, à peine $2/5^e$ des revenus des paysans restaient pour leur subsistance, pour les coûts de l'agriculture et pour couvrir les

---

[5] La Grande Peur est un mouvement de peur collective qui eut lieu en France du 20 juillet au 6 août 1789. Fondée sur les rumeurs de complot aristocratique, elle déclencha pillages, émeutes, attentats et incendies [60]

accidents imprévus [6]. Tout le reste partait en une multitude d'impôts. La taille de Sabadel, l'impôt royal, était de 2204 livres en 1789 [4]. Il fallait y ajouter les impôts locaux destinés au financement de la communauté et de la paroisse, dont la liste ressemble à un inventaire à la Prévert : capitation roturière, 901 livres ; vingtième rural, 982 livres ; trop-allivré, 81 livres ; impôt sur les chemins, 191 livres ; charges locales, 8 livres ; et dîme prélevée sur les récoltes et le cheptel, représentant théoriquement le dixième des récoltes, en réalité beaucoup plus que cela [4]. A Sabadel, à la fin de l'ancien régime, la dîme due à l'abbaye de Marcilhac était prélevée par un dénommé Bastide, qui était sans doute un aïeul de Pierre Benoît Bastide, qui sera maire de Sabadel entre 1835 et 1848. Après la Révolution, la levée des impôts se simplifie et se clarifie. Quatre impôts alimentent le budget de la commune : foncier, mobilier, portes et fenêtres et patente [6]. Le financement régulier et planifiable des communes qui en découla a pu avoir des effets bénéfiques sur la vie quotidienne des plus miséreux puisque plusieurs lois promulguées entre 1793 et 1796 donnent pour mission aux communes de secourir les indigents par la création des bureaux de bienfaisance, et d'assurer un service d'assistance médicale. C'était une revendication récurrente dans les cahiers de doléances, mais pas dans celui de Sabadel. Une commission composée de membres de la commune assurait le fonctionnement de ces structures, leur conférant un pouvoir important dans des villages où les nécessiteux pouvaient être nombreux. Il en résultera des tensions qu'on percevra clairement au tournant des 19e et 20e siècles (chapitre 3) dans les confrontations entre le maire de Sabadel et ses opposants.

Nous l'avons vu, le Consul de Sabadel Gaspard Rives devient maire à la Révolution, et le restera 25 ans. Les choses ont été plus délicates pour Louis Pégourié, curé de Sabadel depuis 1771. En 1790, les lois du 12 juillet et 24 août mettent en place la constitution civile du clergé. Les ecclésiastiques deviennent des officiers civils qui, après la signature du Concordat Eglise-État en 1801, perçoivent un traitement de l'État, et doivent prêter le serment suivant : « *Je jure de veiller avec soin sur les fidèles de la paroisse (ou du diocèse) qui m'est confiée, d'être fidèle à la Nation, à la Loi, au Roi et de maintenir de tout mon pouvoir la Constitution décrétée par l'Assemblée nationale et acceptée par le Roi* ». Certains acceptent, d'autres s'opposent vigoureusement à cette intrusion du pouvoir séculier dans les affaires de l'Eglise et refusent de prêter serment. Les ecclésiastiques se retrouvent alors divisés entre clergé constitutionnel et clergé réfractaire [1,3]. La majorité des curés du Lot est réfractaire, et l'abbé Pégourié est de ceux-là. A l'été 1792, l'assemblée législative prend un décret de déportation en Guyane des prêtres réfractaires qui n'auront pas quitté la France sous 15 jours. La plupart de ceux qui furent déportés y laissèrent la vie dans des conditions atroces, mais fort heureusement pour lui, le curé Pégourié y échappa en raison de son grand âge et de sa santé. Il poursuivit son ministère à Sabadel jusqu'en 1803 [11], avec une probable perte d'influence sur une partie de ses paroissiens, et le passage par des moments difficiles comme la fermeture imposée des églises sous la Terreur entre novembre 1793 et mai 1795 [3].

Pendant la période révolutionnaire et le premier empire, les hommes de Sabadel eurent à subir le poids de la conscription pour les nombreuses guerres qui furent menées. Par exemple, la « Levée en masse » de tous les célibataires de 18 à 25 ans pour le service armé fut décrétée en août 1793, jusqu'au retour de la paix [3]. Puis en 1798, la loi instaura la Conscription systématique avec un certain nombre de recrues par canton. Elles étaient tirées au sort : ceux qui avaient un numéro supérieur à celui du nombre exigé étaient exemptés [12]. On pouvait acheter son remplacement par un exempté moyennant finance [3], mais probablement rares étaient ceux qui, à Sabadel, pouvaient s'offrir ce luxe. De telles ponctions des forces vives des communes rurales ne pouvaient que susciter le rejet de citoyens qui se trouvaient peu enclins à servir un pouvoir parisien bien lointain, et pour qui la notion de patrie était encore très abstraite. On sait qu'entre 1789 et 1815 il y eut de très nombreux déserteurs dans les départements du Sud Ouest, en particulier dans les endroits isolés [3], et que dans les dernières années du règne de Napoléon, les quercynois se sont révoltés contre la conscription [1]. C'est sans doute de cette époque que date la désignation de la « grotte du déserteur », une anfractuosité dans une falaise de Sabadel surplombant la Sagne sous le rocher de Roc Courbié, entre le Valadié et Font-Faurès. Mais la transmission orale ne nous a laissé ni de date précise, ni le nom du fameux déserteur.

Cette même tradition orale nous a peut-être transmis une autre trace de cette période. Il y a longtemps, dit-on, un notaire aurait été assassiné au Mas de Long [13]. Or, on a retrouvé un Arrêté de l'Administration Centrale du département du Lot, daté du 21 brumaire an V (11 novembre 1796), « relatif à la vacance d'une place de notaire publié à la résidence de Sabadel, canton de Lauzès ». S'agissait-il de pourvoir au remplacement du notaire assassiné, ou est-ce le nouveau titulaire qui fut trucidé au Mas de Long ?

ARRÊTÉ
DE L'ADMINISTRATION CENTRALE
DU DÉPARTEMENT DU LOT,

RELATIF à la Vacance d'une place de Notaire public à la Résidence de Sabadel, Canton de Lauzés.

L'ADMINISTRATION CENTALE du Département du Lot,

Vu son arrêté du 12 Mai 1792 (*vieux style*), qui maintient une résidence de Notaire public dans la commune de Sabadel, Canton de Lauzés : vu la délibération de l'Administration municipale de ce Canton, constatant qu'il est urgent & nécessaire de remplir la place vacante : vu la loi du 17 Mai 1793, qui autorise les Corps administratifs à pourvoir dans le cas y énoncé au remplacement des Notaires :

Vu enfin la loi du 6 Octobre 1793 (*vieux style*), sur l'organisation des Notaires ;

Le commissaire du Directoire exécutif entendu,

ARRÊTE ce qui suit :

ARTICLE PREMIER.

En exécution de l'article XIV du titre IV de la II.e section de la loi précitée, du 6 Octobre 1791, la vacance de la place de Notaire à Sabadel, sera publiée dans l'étendue de son ressort.

II.

Tous les Sujets inscrits & les Notaires ayant droit, qui désireront exercer dans la commune de Sabadel, sont invités & requis d'envoyer leur acceptation, dans le délai de quinzaine, à l'Administration centrale.

III.

Faute par eux de l'avoir envoyée dans ledit délai, la place sera conférée, conformément à l'article XV du titre IV de ladite loi du 6 Octobre 1791, au premier par rang de date d'inscription de ceux qui ayant droit, auront donné leur acceptation.

IV.

Le présent arrêté sera imprimé, publié & affiché dans toutes les communes du Département.

Arrêté à Cahors, le 21 Brumaire, cinquième année Républicaine.

Par les Administrateurs du Département du Lot.
LACHIÈZE, *président* ; SATUR, YSARN, MARTIN, *administrateurs.*

CAYLA, *secrétaire en chef.*

A CAHORS, Chez RICHARD, Père & Fils, Imprimeurs du Département.

Arrêté du 21 brumaire an V

Le château de Sabadel

Tous les sabadellois finissent par évoquer à un moment ou un autre de la conversation le « fameux » château de Sabadel. La question est souvent posée de savoir si ce château a été détruit lors de la Révolution.

Il est certain qu'un château a existé à Sabadel, qui était une des nombreuses possessions de Hébrard de Saint-Sulpice au 15e siècle [10]. La seule trace contemporaine de sa présence serait un blason en pierre du 17e siècle, très bien conservé, posé au fronton d'un vieux bâtiment de ferme près de l'église[6]. Il porte une Croix de Malte, l'inscription IHS qui est une translittération du nom de Jésus en grec, et quelques autres symboles dont la signification est plus énigmatique. Est-ce un vestige du château ou celui d'un édifice religieux disparu ?

Blason visible sur un bâtiment de ferme près de l'église

On dit aussi qu'à cet emplacement, jusque vers 1960, il restait du château une bâtisse pourvue d'un pigeonnier de chaque côté. On peut distinguer ces deux pigeonniers sur la peinture du village réalisée en 1875 (page 96), ou sur la plus vieille plaque photographique de Sabadel qui ait été retrouvée, datée de 1900 environ (page 97). Il semble par contre qu'il n'y avait plus qu'un pigeonnier au moment où a été prise la

---

[6] Emplacement 4 sur le plan du Bourg p. 5.

photo d'une carte postale émise vers 1960. Tout compte fait, plutôt qu'à un vestige du château, cela ressemble plus à une habitation cossue flanquée de deux grands pigeonniers.

On raconte qu'on aurait trouvé des tombes, des armes, qu'il y aurait un souterrain sous le chemin de la Croix de Ferrasse qui « sonnait creux au passage des charrettes » [8]… Et le silence aurait été gardé sur tout cela pour « ne pas avoir d'ennuis » ! En réalité, le meilleur témoignage que l'on ait sur l'existence d'un château nous est apporté dans un mémoire rédigé par l'instituteur Jean-François Vidal vers 1880 [14]. Il y écrivait :

« Il ne reste pas à Sabadel de vestiges apparents d'anciens monuments ni de vieux châteaux, mais il est hors de doute cependant qu'un château a existé dans la partie du village où est située l'église. En effet le nom que porte encore cette partie du village, le Château, en patois lou castel, suffirait à lui seul pour prouver qu'un château a dû exister à cet endroit. Mais d'autres preuves qui nous paraissent plus convaincantes viennent nous confirmer dans ce qui, pour d'autres, pourrait ne paraître qu'une supposition. Lors des réparations faites à l'église[7] en creusant les fondements de la chapelle de la Vierge, on a trouvé les restes d'un vieux mur attenant d'un côté à l'église et de l'autre à une maison située à une quinzaine de mètres au N-O ; maison où l'on trouve encore le fondement de vieux murs ayant plus d'un mètre d'épaisseur d'une grande solidité ; dans une partie de mur encore conservée, on voit une porte pratiquée en forme de voûte aujourd'hui murée ; mais partout on trouve la trace du feu, et des pierres en partie calcinées, ainsi que quelques tronçons de poutres brulées viennent nous prouver que le feu a passé par là, et que le bâtiment construit sur ce vieux fondement a été une des victimes du trop fameux incendie de 1740. On y trouve aussi des restes de voûte souterraine aujourd'hui comblées. Le propriétaire de cette maison nous a déclaré qu'en creusant le fondement d'une cave attenant le vieux fondement dont nous venons de parler, on a trouvé trois ou quatre squelettes humains qui gisaient sur des pierres plates entourées d'autres pierres verticales et recouvertes de dalles ; on a trouvé également quelques débris de poterie grossière, mais rien qui puisse faire connaitre l'époque de l'inhumation de ces cadavres. ».

Comme la tradition orale dit aussi que l'église aurait un jour brulé, et que la cloche de 1784 porte la mention « fondue à nouveau », on pourrait en conclure qu'il y avait donc bien un château à Sabadel qui aurait été détruit 50 ans avant la Révolution. Les informations données par Jean-François Vidal suggèrent qu'il aurait pu s'agir d'un édifice imposant, occupant une grande partie du promontoire dominant la Sagne, dont l'église aurait pu alors être la chapelle. Mais à défaut de fouilles entreprises pour retrouver d'éventuels vestiges enfouis, on ne peut que s'en tenir à des spéculations.

---

[7] En 1855

La vie quotidienne à Sabadel de 1789 à 1830

Faute de documents relatant la condition des paysans sabadellois à cette époque, on ne peut que reconstituer leur mode de vie à partir de la littérature traitant de cette période, et de quelques bribes d'informations glanées ici ou là, comme par exemple des plaintes particulières trouvées dans les cahiers de doléances des communes voisines.

Une agriculture de subsistance

En ces temps là, Sabadel est une communauté d'agriculteurs qui pratiquent une agriculture de subsistance. Autrement dit, ils produisent ce qui leur est nécessaire, mais n'ont à peu près rien à vendre. Une forme d'économie indispensable, mais certainement pas toujours suffisante pour mener une vie digne. Cette situation ne va guère changer jusque vers 1850. Encore en 1830 dans le Lot, « *on s'y livre peu au commerce, à l'industrie ; les travaux de l'agriculture et la garde des troupeaux occupent presque toute la population du pays* » [2]. D'ailleurs, « *Notre paroisse étant située dans un causse tout à fait aride, sans communication avec aucune autre ville que celle de Cahors, dont elle est éloignée de cinq grandes lieues et où l'on ne peut même aboutir que par des chemins affreux, toute espèce de commerce nous devient impossible. Peu d'entre nous ont des métiers, et ces métiers sont peu lucratifs, soit à cause de la misère qui règne généralement dans ce pays-ci, soit à cause du défaut de commerce. Toute notre ressource se réduit donc à la culture des terres* » (Cahier de doléances de Lentillac [4]).

Sabadel ne dispose pas de la surface cultivable en théorie nécessaire pour nourrir une population qui est en 1789 de 500 habitants environ. Les paysans « *prodiguent leurs peines et leurs sueurs pour opérer des défrichements qui ne produisent que de faibles récoltes* » [2], récoltes qui sont avant la Révolution largement ponctionnées par les impôts. « *La culture est très pénible et fort coûteuse, à cause des petits rochers dont la terre est jonchée* », écrit-on à Sénaillac [4]. Ces pierres ont au moins un avantage inattendu, relevé par le préfet Delpon : *Tous les champs du sol calcaire* (c'est à dire les Causses) *étant clôturés par de hautes murailles, qu'on peut construire à peu de frais, le morcellement des propriétés engendre moins de dommages, de contestations et de procès que dans les lieux où les clôtures sont plus rares parce qu'elles sont plus dispendieuses* » [2]. Mais les parcelles sont petites, voire minuscules, comme on peut le vérifier encore aujourd'hui sur le cadastre de la commune. Seuls les plus aisés des paysans, qu'on nomme laboureurs, possèdent des terres. Depuis le 18e siècle, de génération en génération, ils n'ont de cesse que d'agrandir leur propriété grâce au petit capital qu'ils arrivent à epargner [1]. Les autres travaillent en louant leurs bras chez les plus gros tenanciers comme domestiques, journaliers ou brassiers [4]. Ces grands propriétaires appartenaient souvent à une élite bourgeoise résidant dans les villes, comme le chirurgien de Cahors Gaspard Rives. Leur patrimoine était principalement foncier, et ils avaient eux-aussi l'ambition constante de l'étendre [1]. Mais après la Révolution, « *le partage des biens des communes et la vente des biens nationaux ont multiplié le nombre des petits propriétaires* », si bien qu'en 1830 « *il n'y a pas un deux-centième de la population rurale* (du Lot) *qui ne jouisse de quelque possession* » [2]. Ce n'est pas pour autant que la vie des paysans est devenue plus facile.

Les méthodes de culture sont rudimentaires, et vont très longtemps le rester. On utilise pour le labour l'araire en bois dérivé de celui des Gaulois, dont seul le soc (la *Rehle*) est en fer [1]. Il ne fait qu'égratigner le sol ingrat du Causse et est tiré le plus souvent par un bœuf, voire une vache qui possède l'avantage de pouvoir donner aussi du lait et un veau, mais parfois aussi par un être humain. Les chevaux, aux jambes trop fragiles sur les sols cailloux, ne sont guère utilisés [15]. Cet araire en bois puis en fer, outil très simple et peu coûteux, continuera à être utilisé à Sabadel pendant une période exceptionnellement longue, puisqu'on rapporte qu'il a servi à labourer de très petites parcelles jusque vers les années 1970 [16]. Pour ce qui est des cultures, au début du 19e siècle, on produisait toutes sortes de céréales (le froment, l'avoine, le seigle…), mais aussi le sarrasin, et la vigne fournissait un « *mauvais vin* » [4]. Faute d'amendement des sols, les récoltes étaient maigres, et on devait en conserver un-cinquième pour les semences de l'année suivante.

Les paysans s'entraidaient, comme ils le feront encore longtemps, pour effectuer une partie du travail agricole, en particulier au moment des moissons et du battage. Voici ce qu'en disait le préfet Delpon en 1830 :

« *Le battage se fait, dans tout le département, par le moyen du fléau ou avec des verges formées de jeunes tiges, sur des aires où l'on étale les gerbes toujours dans le même sens et de manière qu'elles ne présentent que quatre ou cinq pouces d'épaisseur. Que l'on se serve de fléaux ou de verges appelées lattes, les batteurs se divisent en deux rangs, se placent vis-à-vis les uns des autres et suivent ainsi tout l'espace couvert de gerbes, en y frappant avec force. Ils affectent des mouvements réguliers et presque cadencés, surtout lorsqu'ils emploient le fléau, ce qui, dit-on, prévient ou du moins retarde la fatigue. Après que la paille a été ainsi battue d'un côté, on la retourne et on recommence l'opération. Ces deux moyens emploient beaucoup de temps, et pour qu'il reste peu de blé dans l'épi, un homme ne peut obtenir plus d'un hectolitre par jour. Le fléau est encore moins rapide dans ses effets que les verges, mais il a aussi l'avantage de dépouiller complètement l'épi de tout le blé qu'il contient. On a reconnu qu'il fallait de la chaleur pour faire réussir le battage du froment. Les autres grains, le seigle surtout, sont moins difficiles et peuvent être battus à l'ombre sans inconvénient. Quelques propriétaires ont des aires-sols pavés avec de grandes dalles, mais le plus grand nombre se contentent de faire unir un espace de terre plus ou moins grand, suivant la quantité de gerbes qu'ils veulent y battre à la fois. Après que la terre a été humectée, ils la font presser avec une espèce de massue ; ensuite ils la couvrent d'une couche épaisse de fiente de vache délayée dans l'eau. Lorsque cette couche est bien sèche, on y étend les gerbes. Le blé battu sur ces aires est toujours terreux, et s'il n'est pas lavé avec précaution, quelque soin que l'on se donne ensuite pour bien faire bluter la farine, on n'en obtient qu'un pain lourd et grisâtre »* [2]. Cette méthode de battage au fléau sur une aire préalablement « embousée » perdura à Sabadel et ses environs jusque dans les années 1920 [15].

Sabadel possédait par ailleurs « *quelques lambeaux de terres sablonneuses, où l'on récolte des châtaignes* », qui constituaient un appoint alimentaire non négligeable. « *Ses prés sont renommés pour l'abondance et la bonne qualité de leurs fourrages* » [2]. On élevait aussi du petit bétail, brebis et chèvres, qu'il était souvent difficile de nourrir. Alors, « *La plupart des vols qui se commettent dans le pays calcaire, proviennent de ce que chaque famille élève des brebis et des chèvres sans avoir les pâturages nécessaires pour les nourrir. On y supplée avec les branches, et, souvent, avec de jeunes pieds d'arbres qu'on va enlever dans les bois de ceux qui en ont de trop étendus pour les défendre avec succès* » [2].

A cause d'un climat beaucoup plus rude qu'aujourd'hui, les récoltes étaient souvent médiocres, comme en 1787, ou très déficitaire comme en 1788 [3, 9]. Il neige tous les ans, et en 1789, trente centimètres de neige ont recouvert les Causses pendant plus d'un mois [2]. Conséquence de ces intempéries, la très difficile « soudure »[8] du printemps 1789 est considérée comme l'une des causes de la Révolution [17]. Les hivers étaient parfois si rudes que le Lot et le Célé gelaient une ou deux fois tous les dix ans [2]. En 1829, le froid fut tel qu'il fit périr les cinq-sixièmes des noyers du département, privant les habitants de leur ressource en huile pour de longues années [2]. Quant aux animaux d'élevage, ils étaient à la merci des loups, qui étaient présents partout dans le département, dont le sol rocailleux et garni d'épaisses broussailles favorisait la prolifération. Venant des montagnes d'Auvergne et du Rouergue, les louves mettaient bas dans le pays, et il n'était pas rare de voir des louveteaux dans la campagne. Les renards aussi étaient très nombreux dans le département [2].

Malgré tout, à la différence des communes voisines, Sabadel avait la chance d'avoir ses sources qui alimentent son ruisseau. La vallée de la Sagne (nom qui désigne une tourbière de marais) en aval de Sabadel n'était à l'origine qu'un marécage que le duc

---

[8] Période au printemps où on achève de consommer les produits de l'année précédente avant de rentrer la prochaine récolte.

de Biron[9], seigneur de Cabrerets qui possédait ces terres, fit couvrir de troncs et de branches d'arbres vers 1750. Le sol s'est alors peu à peu élevé, formant une plaine fertile [2]. Beaucoup de familles y possédaient au 19e siècle une parcelle où elles pouvaient cultiver une plante indispensable, le chanvre. Le lin et le chanvre du Quercy avaient en effet depuis longtemps une très forte réputation, les dames de la Rome antique qui portaient le *Cadurcum* les choisissant pour leurs plus beaux tissus [2]. Dans les campagnes, toutes les femmes filaient et tissaient le chanvre et en faisaient la toile des vêtements ou du linge de maison, car avant 1850, les vêtements n'étaient guère achetés à l'extérieur. On les fabriquait soi-même avec le chanvre qu'on avait cultivé, mais aussi avec la laine des brebis [18]. L'habit était simple et uniforme, composé pendant l'été d'une chemise, un gilet et des pantalons de toile pour les hommes, qui portaient un chapeau rabattu ou un bonnet de laine. On allait presque toujours nu-pieds. L'hiver, on ajoutait des sabots, des guêtres, des culottes et des vestes de laine grise. Les femmes préféraient la couleur bleue, et plaçaient sur la tête un foulard d'indienne plié en triangle [2]. Quant à l'usage des sous-vêtements, il ne se répandra qu'après 1890 [17].

Le chanvre, qui exige une terre fertile, était cultivé en bord de Sagne jusque dans le bourg, comme en atteste un acte de vente de 1897 portant sur « *un entier article de terre chènevière, sis dans le bourg de Sabadel, confrontant au levant avec Imbert, au midi avec ruisseau, et de tous autres côtés avec voie et place publique* ». Cette description précise nous indique qu'il s'agit de la parcelle qui est aujourd'hui un jardin le long de la rive gauche du ruisseau, entre le lavoir et le pont de pierre. Outre la fertilité particulière de ces terres, la proximité du ruisseau était un avantage pour le rouissage qui consistait à éliminer des composants indésirables de la plante pour extraire les fibres. Après plusieurs autres étapes de préparation, la filasse pouvait être filée par les femmes à la quenouille. Le fil obtenu servait à fabriquer des cordes et à faire de la toile. Il est probable que déjà en 1789 on tissait le chanvre à Sabadel. On trouve plus tard, dans les données du recensement de 1836, trente sabadellois qui se disaient tisserands. Cette activité permettait à cette époque non seulement de produire la toile utilisée par la famille, mais aussi à fabriquer les sacs de minotiers ou à vendre le surplus de toile pour obtenir un revenu complémentaire [19]. Un tisserand pouvait tisser journalièrement jusqu'à quatre mètres cinquante de toile, qu'on lui payait vers 1830 de 25 à 30 centimes le mètre. Mais peu de tisserands travaillaient toute l'année, presque tous abandonnant leur navette pendant la saison des travaux champêtres [2].

En 1802, la culture du tabac fut introduite dans le Lot par l'abbé Rosier; elle allait

---

[9] Le dernier Duc de Biron a été décapité le 31 décembre 1793 comme traître à son roi.

progressivement se développer, et finira par se substituer au chanvre pour assurer des revenus complémentaires aux agriculteurs de Sabadel pendant près de deux siècles.

Une existence rude et frugale

« *Que ne peut notre monarque descendre dans la chaumière du laboureur, il y trouverait encore des Abdolonymes[10] qui arrosent de leurs larmes le mauvais pain qui sert à leur nourriture* ». Ainsi s'exprimaient de manière érudite les habitants de Saint-Cernin dans leur cahier de doléances [4]. En effet, la pitance est plutôt frugale en cette fin de 18e siècle dans les Causses du Quercy. Dans tout le royaume, l'alimentation de la population repose alors sur la consommation de céréales, sous forme de 1,5 à 2 kg de pain ou de bouillies par jour et par personne [3]. Ici, le pain noir est au mieux composé de seigle, d'orge d'été, d'orge d'hiver, d'avoine et d'un peu de froment. A Sénaillac et Doménac, les habitants sont si pauvres qu'ils doivent « *se nourrir d'un alliage de menus grains qui forme du pain si exécrable que nous voyons journellement les chiens appartenant à des étrangers ne vouloir pas le manger* » [4]. A Artix, « *pour notre nourriture, nous gardons le millet et le blé sarrasin dont nous faisons un pain dont la vue et le goût attendrit le cœur le plus insensible sur notre sort.* » [1]. Plus tard, Delpon raconte que le maïs et le blé noir en galettes ou en crêpes, quand on en dispose, sont réservés pour le repas du milieu du jour. Et pour les jours de fête, « *dans presque tout le département, le peuple ne trouve pas mets plus délicieux que ce qu'il nomme le* fars, *et qu'il compose avec la farine de froment, des œufs, du pain blanc, des morceaux de lard, de l'ail et du persil. Il a aussi souvent recours à la* mico, *qu'il prépare avec une pâte de farine de maïs et un peu de persil, et qu'il fait cuire, comme le fars, dans le bouillon destiné à mouiller la soupe. Lorsqu'ils travaillent leurs champs, ou lorsqu'ils se nourrissent eux-mêmes en travaillant pour les autres, ils sont aussi sobres que laborieux. A peine mangent-ils, dans la journée, une livre de pain grossier, quoiqu'ils commencent leurs travaux à l'aube, et les prolongent bien avant dans la nuit. Deux ou trois heures de sommeil suffisent pour rétablir leurs forces* » [2]. Les hommes sont en effet décrits comme généralement robustes, même si certains peuvent être « chétifs et contrefaits », ce qu'on attribue aux tâches pénibles réalisés par des enfants qui très tôt participent aux travaux des champs [2].

La viande n'est en général pas au menu. Seuls les plus aisés peuvent avoir une basse-cour ou élever un cochon, et les paysans ne chassent pas encore. Peut-être braconnent-ils parfois le petit gibier à poil ou à plume. Les lapins et les lièvres sont en effet particulièrement abondants, tout comme diverses espèces d'oiseaux dont

---

[10] Abdolonyme est un descendant des rois de Sidon qu'Alexandre le Grand rétablit sur le trône en 332 av. J.-C. Il descend des rois du pays, mais il vit dans la plus grande pauvreté et est réduit à cultiver son jardin de ses propres mains lorsqu'il est élevé sur le trône [61]

deux espèces de perdrix rouges, les fameuses bartavelles chères à Pagnol. Les sangliers qui peuplaient encore le Quercy en 1789, auront complètement disparu en 1830 suite aux défrichements étendus qui ont été pratiqués [2].

Comme partout ailleurs dans les Causses, l'eau de boisson est l'eau de citerne, qui restera utilisée jusque tard dans le 20e siècle. Mais à Sabadel, si on n'habite pas trop loin du bourg ou du Pesquié et que les chemins sont praticables, on peut aller chercher de l'eau à la source. Cette eau abondante permet aussi de moins souffrir des sécheresses d'été, et de ne pas devoir acheter de l'eau que quelques personnes vont chercher dans le Célé ou la Dordogne et vendent aux caussenards jusqu'à 50 centimes les 25 litres [2]. Quand au bétail, il s'abreuve dans les « lacs » tant que l'été ne les tarit pas, appellation sous laquelle on regroupe aussi bien le petit étang du bourg que les nombreuses mares boueuses situées le plus souvent près des fermes.

A Sabadel, en ce temps là, le niveau d'éducation est peu élevé et on ne parle que le patois ; seul un très petit nombre d'habitants comprend le français, et encore moins savent lire. Parmi les 33 mariages célébrés entre 1803 et 1812, 27% des hommes et 12% des femmes seulement savaient signer, ce qui ne signifie d'ailleurs pas que tous ceux-là savaient lire et écrire. La moitié de ces mariages était célébrée entre époux vivant dans la commune, et seulement trois époux venaient d'un autre canton [5]. Cette forte endogamie, due à l'isolement des villages de cette partie du Lot, explique la pérennité des patronymes jusqu'à nos jours, et la plaisanterie qui consiste à dire que tous ceux qui portent un des noms de vieilles familles du village sont plus ou moins cousins.

Bien qu'un préfet en 1815 ait trouvé que les habitants du nord du Lot avaient un caractère primitif et brutal [1], ce n'est pas tout à fait l'avis du préfet Delpon 15 ans plus tard, on l'a vu. Néanmoins, et c'est indubitablement une conséquence de l'isolement, les crimes contre les habitants restent presque toujours impunis [6]. C'est un des thèmes récurrents des cahiers de doléances du canton de Lauzès, comme celui de Saint-Cernin où on peut lire qu'on y voit plus souvent un collecteur d'impôts qu'un gendarme ou un juge : « *La police n'est plus qu'un vain nom dans nos campagnes ; les seigneurs justiciers, livrés dans le faste des villes à leurs plaisirs ou à leurs affaires, établissent dans leurs terres un juge, rarement un procureur fiscal, et ils s'endorment pour ne s'éveiller qu'à l'échéance des pactes de la ferme. Que résulte-t-il d'une pareille négligence ? Toute sorte de vols, de brigandages, d'assassinats, de crimes de toute espèce. Le laboureur, ordinairement plus mal nourri que les chiens de son seigneur, voit ses bois coupés au pied, sa récolte enlevée de nuit, et avec bien de la peine peut-il sauver sous son rustique toit les misérables restes d'une mauvaise récolte. Il ne peut, de nuit, quitter le seuil de sa porte sans exposer sa vie, et, depuis quatre ans, l'assassinat de trois de nos plus honnêtes citoyens, massacrés dans le lieu même ou aux environs, nous prouve que la licence, la débauche et le crime ne connaissent plus de bornes »* [4]. Même ton à Sénaillac : « *il n'y a aucune sûreté, même pas dans nos maisons. Brigandages, meurtres, incendies, tout s'y commet impunément, sans que personne ose former la moindre plainte, crainte de plus grands malheurs* ».

Terminons cette description du caractère et du mode de vie des habitants des Causses par une dernière citation du préfet Delpon, en 1830 : « *Plus la vie de l'homme est, ici, pénible et laborieuse, plus il se montre parcimonieux pour lui-même et pour ceux qui l'entourent. Il enverra plutôt chercher l'artiste vétérinaire pour sa vache ou son cochon, que le médecin pour son fils, son épouse ou son père. Ce n'est point qu'il manque entièrement des vertus de famille, mais c'est que les visites d'un médecin coûtent plus cher que celles du forgeron ou de tout autre paysan qui a acquis quelque habitude de traiter les maladies des bestiaux. On peut dire aussi qu'il croit à une sorte de prédestination. D'ailleurs, presque abruti par les besoins et par des travaux continuels qui entravent le développement de ses facultés morales, il se montre peu affligé par la mort la plus inattendue de ses proches, et il n'est pas rare de le voir prendre part au banquet qui suit leurs funérailles. Sa position, son tempérament, ont émoussé sa sensibilité ; aucune émotion n'a fait tressaillir son cœur qui reste dans la même inertie que sa pensée. Jamais il n'est sorti de lui-même par le sentiment de sympathie qui étend si loin l'existence, qui agrandit l'âme et fait naître les plus douces, les plus utiles vertus. Il les aurait ces vertus, si plus de lumières et d'aisance lui permettaient d'étendre ses affections ; si, par des récits touchans* (sic) *et par des instructions analogues à sa situation sociale, on parvenait à lui faire sentir qu'il n'est point étranger à son semblable. Aussi peu éclairé que l'habitant du sol granitique, aussi disposé a la crédulité, il a l'intelligence moins prompte, moins de disposition pour l'industrie et les arts mécaniques. Il remplace l'adresse par la force, et les combinaisons par la persévérance. Courbé sous le joug de l'habitude, il veut vivre comme son père a vécu, moins par respect pour les anciens, que par une aveugle méfiance pour tout ce qui est innovation*[11]. *Il règle encore tous ses travaux sur les différentes phases de la lune ou sur la fête d'un tel saint, sans avoir égard à l'état de l'atmosphère* » [2].

Quelques rares occasions de se distraire

Dans la dure vie de labeur que mènent les habitants du Causse, il n'existe chaque année qu'une seule journée consacrée à se distraire, celle de la fête du saint-patron de la commune. Tous les habitants y participent, rejoints par ceux des communes voisines qui viennent en masse. Tous se déplacent moins pour des motifs de piété

---

[11] Des propos similaires seront tenus par S. Villes et D. Cambon [42] pour qualifier l'aversion des lotois pour l'innovation au moment de la première guerre mondiale, soit près d'un siècle plus tard (voir pages 105-106).

que pour les divertissements, qui ont toujours lieu l'après-midi [2]. On y portait les vêtements du Causse pour participer au jeu de quilles, le rampeau. A cette époque, les foires et fêtes s'accompagnaient d'une autre tradition : celle des batailles entre villages. Ces affrontements pouvaient être violents, laissant des blessés, voire des morts, dans la poussière des places et des chemins. Cette coutume se poursuivit tout au long du 19ᵉ siècle, et on mentionne même qu'en 1833, « *Une lutte particulièrement intense entre plusieurs communes du Causse (Caniac, Sénaillac, Soulomès, Saint-Cernin et Saint-Martin) nécessita l'envoi de la troupe* » [20]. On notera que les habitants de Sabadel, décidément peut-être plus pacifiques que leurs voisins, ne participaient pas à cette bataille-là. Une autre occasion de se réjouir collectivement, pas forcément beaucoup plus sympathique que les batailles, était la tradition du charivari dont nous reparlerons à la fin de cet ouvrage.

Enfin, en matière de coutumes, il ne faut pas oublier celle des veillées. Elles s'organisaient principalement l'hiver, lorsque les travaux des champs ne contraignaient pas à travailler tard. Les voisins dans les hameaux se réunissaient pour passer la soirée au coin de l'âtre, et se raconter les nouvelles du village, transmettre les histoires des temps anciens, ou même raconter des histoires un peu lestes une fois les enfants endormis. Mais ces réunions ne pouvaient se limiter à leur caractère convivial qui permettait de resserrer les liens de la communauté, et n'étaient en aucun cas un moment où l'on ne faisait que prendre du bon temps. D'abord, en se réunissant à plusieurs familles autour d'un seul âtre, on économisait le précieux bois de chauffage et les bougies ou l'huile des lampes. Et puis on ne se contentait pas de parler et de rire, on y travaillait toujours en même temps sous le faible éclairage du calel. Les femmes pouvaient filer le chanvre à la quenouille, on y égrenait le maïs, ou on *dénoisillait* (cassait les noix), première étape nécessaire au début de l'hiver avant d'aller presser les cerneaux pour en recueillir l'huile. Au bruit martelé des maillets sur la table de ferme, il fallait alors élever un peu la voix pour se comprendre.

2

1830-1870. SABADEL SURPEUPLÉ

En 1830, Jean-Louis Rives, fils du premier maire de Sabadel, est à son tour à la tête de la commune depuis 1814. Il le restera jusqu'en 1835, puis le redeviendra en octobre 1846. Entre ces deux périodes, c'est Jean-Pierre Benoît Bastide qui fut maire, et qui sera remis en place au moment de l'arrivée du nouveau pouvoir à l'été 1848, après la proclamation de la deuxième République. Pourtant, Jean-Louis Rives avait fait allégeance à la République, déclarant le 12 mars 1848 son « *adhésion au gouvernement républicain rétabli en France, qui, se montrant digne, ferme et fort à l'égard de l'étranger, sait en même temps assurer la paix à l'intérieur* » et concluant par « *Vive la République* » (cité par [22]). Ces propos font un curieux écho à l'allégeance au roi du cahier de doléances inspiré par son père 60 ans plus tôt ! Sabadel est alors pratiquement à l'apogée de sa population, avec 574 habitants vers 1830. Ceci peut paraître considérable aujourd'hui, mais Saint-Cernin compte au même moment 1035 âmes et Cabrerets presqu'autant. Lauzès, qui est toujours l'un des plus petits villages du canton, n'a que 393 habitants [2]. Sabadel reste une commune où l'on pratique une agriculture de subsistance encore archaïque, mais ces années du milieu du 19e siècle sont marquées par des signes perceptibles de progrès, principalement dans les domaines de l'éducation et des voies de communication dont les développements seront à l'origine des grands bouleversement de la fin du 19e et du début du 20e siècle.

L'agriculture

Quarante ans après la Révolution, le sort des paysans de Sabadel n'a guère évolué, pas plus que les techniques de culture qu'ils emploient. L'araire des gaulois à soc de fer reste l'outil principal, qui ne permet qu'un labour superficiel très imparfait. On le complète très fréquemment en travaillant le sol à la houe, la pioche, ou en utilisant un petit fer tranchant placé à l'extrémité du pique-bœuf pour couper les racines et remuer la terre là où l'araire n'est pas passé. On n'utilise pas de herse, à cause des très nombreuses pierres présentes dans les champs. Le transport des fumiers dont on dispose en quantité limitée, de la récolte ou des pierres est effectué par des charrettes à deux roues et un seul timon. Les semences ne sont pas criblées pour séparer le bon grain des graines de mauvaises herbes, et on ne connait pas les semoirs, déjà utilisés dans d'autres régions à cette époque. Les semis de froment, seigle, orge, avoine, maïs se font donc toujours à la volée. Le sarclage des cultures, trop pénible sur ces terres ingrates, est négligé, et les maladies des cultures comme le charbon et la coulure sont fréquentes. Lorsque vient le moment de la récolte, on moissonne à la faucille, car la faux dont l'usage progressait en France depuis 1815 [23], est peu utilisable sur des parcelles petites et pierreuses. Le battage se fera encore longtemps au fléau [2]. Avec des récoltes médiocres, soumises aux rigueurs du temps, les paysans du Lot sont plus fragiles encore que ceux d'autres régions de France, qui subissent eux aussi des famines dont la dernière aura lieu en 1868. Sur les Causses, le rendement de 9,8 hectolitres à l'hectare en moyenne pour le froment est trois fois inférieur à celui obtenu dans le Bassin Parisien. Heureusement, les châtaignes qu'on peut ramasser dans les bois qui ont subsisté à Sabadel, et la culture de la pomme de terre qui se répand, évitent aux paysans les disettes trop fréquentes [1].

L'élevage des bovins est rendu nécessaire pour fournir les animaux de trait. Les terres dénudées où les chênaies et les genévriers ont disparu après la Révolution [1] sont utilisées pour le pacage des moutons, qui sont élevés bien plus pour leur laine et leur lait que pour la viande, permettant ainsi de générer quelques revenus pour les agriculteurs. Alors que la culture du chanvre commence à décliner, celle du tabac, se développe et va prendre une place importante dans les exploitations où elle permet de produire les premiers revenus réguliers.

Les nouvelles pratiques ont bien du mal à être assimilées, même dans le domaine de la monnaie. On voit encore des paysans du Causse faire des transactions en pistoles et réaux à la foire de Figeac jusqu'en 1893 [12] ! Bien que le système métrique ait été

Une mesure ancienne, non datée, retrouvée dans une maison de Sabadel

instauré par la Révolution en 1793, on utilisait encore les mesures anciennes dans la pratique courante. Néanmoins, les poids et mesures étaient régulièrement contrôlés dans chaque village, et les dates de contrôle publiées dans les journaux. Un arrêté de 1868 de la Préfecture fixe au 22 mai la date de ces contrôles à Sabadel [24].

En dehors de quelques petites parcelles autour de la ferme, on possède encore rarement la terre qu'on exploite. En 1855, seuls 35% des agriculteurs sont propriétaires-exploitants dans le Lot [1]. On est en général plutôt fermier ou journalier. Dans le recensement de 1836 de Sabadel, la très grande majorité des chefs de famille sont mentionnés comme agriculteurs, sans que l'on sache si certains sont propriétaires-exploitants. La profession d'un seul habitant est mentionnée comme simplement « propriétaire ». Nombreux étaient ceux qui louaient leurs bras, se définissant comme journaliers, les plus précaires, ou comme domestiques. Ces emplois faisaient vivre une vingtaine à une trentaine de familles. Moins de 10% de la population appartenait à des familles d'artisans [19]. Après la fin du second empire la proportion de propriétaire-exploitants n'avait que peu progressé. Dans le recensement de 1872, on trouve 88 familles de cultivateurs à Sabadel, pour 5 familles de propriétaires-cultivateurs, et 7 définies comme propriétaires seulement. Il apparaît que parmi ces dernières, quelques unes exploitaient elles aussi leurs terres comme celle du maire Bastide, mais certaines vivaient exclusivement de la rente de leur domaine. Cette répartition inégale de la propriété pouvait conduire certains à exploiter des terres sur lesquelles ils n'avaient aucun droit. Cela pouvait même concerner les plus insoupçonnables : en 1844, Jean-Baptiste Saurel, curé de Sabadel, fut condamné pour avoir usurpé depuis 19 ans une parcelle située au « patus de la fontaine » pour agrandir son jardin !

Dans la deuxième moitié du 19ᵉ siècle, la pratique de la chasse va commencer à se répandre, après la promulgation d'une loi de 1844 instituant le permis de chasse [23]. Le petit gibier à plume et à poil toujours abondant sur les Causses complète ainsi l'alimentation des paysans, qui auront rapidement tendance, on le verra, à outrepasser leurs droits dans ce domaine.

L'artisanat et le commerce

L'importance de la population de Sabadel au milieu du 19ᵉ siècle génère des besoins qui, à cause du manque de moyens de communication, doivent être pourvus sur place. La spécialisation des compétences qui se développe en même temps que la production de revenus permet de faire appel au service d'artisans et de commerçants plutôt que de tout faire soi-même. Les plus audacieux vont donc apprendre un métier pour essayer d'en vivre, bien que la plupart préfèrent s'installer dans une pluriactivité combinant artisanat et agriculture.

Il n'y avait qu'une douzaine de familles de Sabadel qui vivaient de l'artisanat en 1836 (tableau page 38), la plupart fabriquant des biens réclamant une véritable spécialisation technique, comme les sabots ou la menuiserie. On notera en particulier qu'il n'y avait encore aucun commerce de bouche, pas même un boulanger. Chaque famille faisait son pain dans le four attenant à la plupart des fermes, ou dans le four banal disparu aujourd'hui qui était situé sous le mur de l'église, au bas de la montée vers Ferrasse[12], et qui existait encore dans les années 1930 [25]. On remarque aussi qu'à cette époque dix familles de Sabadel vivaient du tissage, une trentaine d'individus déclarant ce métier dans le recensement de 1836. Le tissage à domicile du chanvre et du lin, dont une partie était destinée à l'industrie textile de Cahors, était toujours pratique courante. Mais avec le développement de l'industrie cotonnière, celle-ci va s'effondrer vers la fin du siècle, et la culture du lin et du chanvre devenir marginale. Les tisserands à domicile se raréfieront progressivement après 1840 [17].

L'apparition des épiceries est assez précoce à Sabadel, puisqu'on considère plutôt qu'elles n'apparaissent dans le Lot qu'après 1880 [1]. En 1872, un dénommé Lacroix âgé de 70 ans qui était originaire d'un autre canton était épicier dans le bourg. Une autre épicerie, celle de Pégourié, était située au lieu-dit Mathieu (en fait au Pont qu'on a pris l'habitude de considérer comme un lieu-dit après sa construction). On peut connaître le détail de ce qui était proposé aux clients grâce à une « réclame » que Pégourié fit paraître dans des journaux (ci-contre). Les produits d'épicerie n'y occupent qu'une petite place, à côté d'un important assortiment de tissus indiquant que les ménages fabriquaient encore beaucoup leurs vêtements et linge de maison. On remarque aussi que, contrairement à l'usage dans les campagnes, Pégourié exigeait le paiement au comptant en invoquant entre autres raisons vouloir éviter que les femmes ne viennent puiser dans le magasin sans le consentement de leur mari !

---

[12] Emplacement B sur le plan du bourg p. 5.

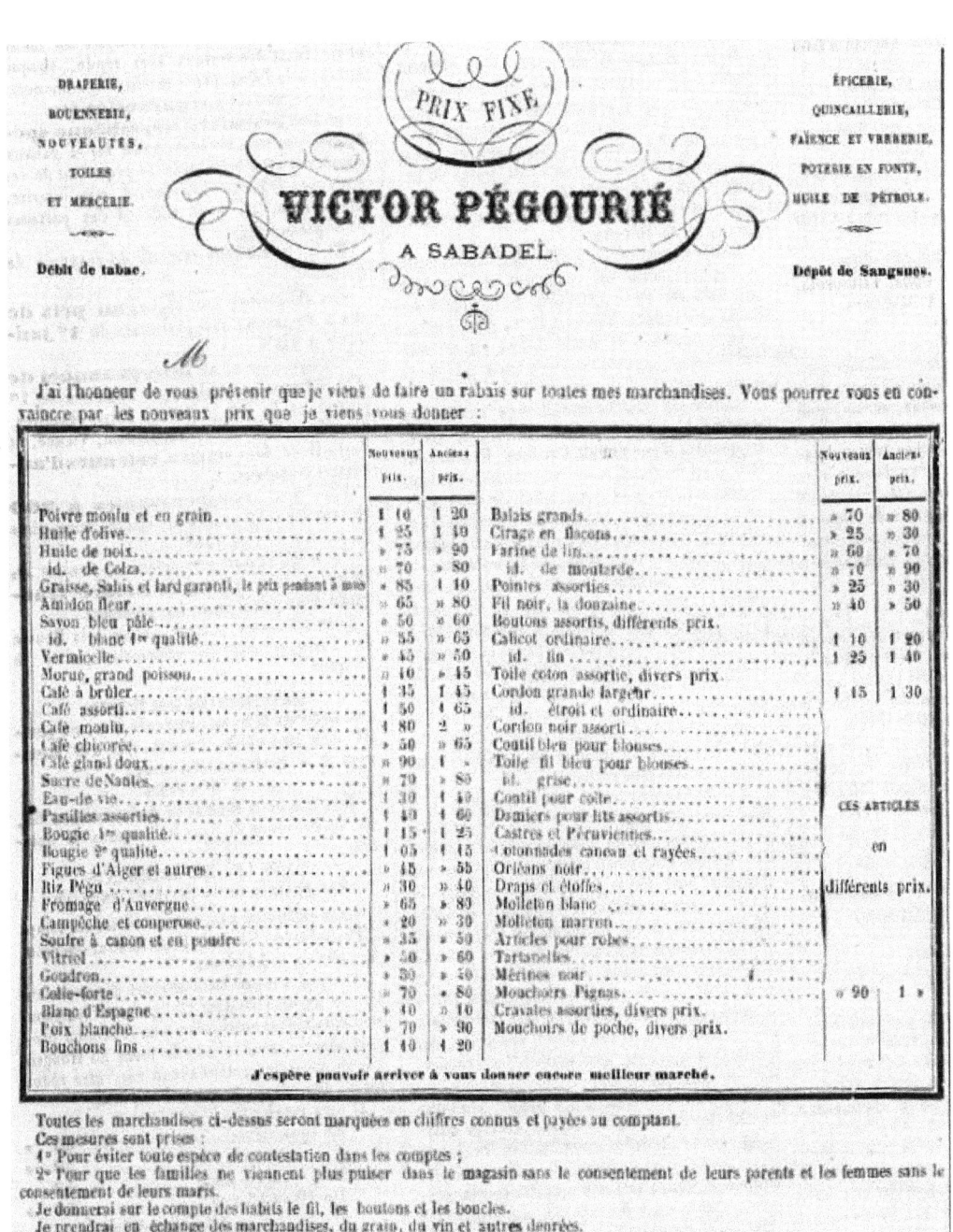

Publicité de l'épicerie Pégourié (Lieu-dit Mathieu)
parue dans le Journal du Lot N°693 du 25 janvier 1868

Métiers	1836	1872
Aubergiste		1
Cantonniers		2
Cardeur	1	
Charpentier		1
Charron	1	
Chiffonnier	1	
Cordonniers	2	2
Couturière		1
Curé	1	1
Domestiques	14	3
Epiciers		2
Forgeron	1	1
Gendarmes		4
Instituteur-institutrice		2
Journaliers	27	
Maçons	3	2
Médecin	1	
Menuisiers	3	1
Militaires	6	
Sabotiers		3
Scieurs de long		2
Servantes		5
Tailleurs		2
Tisserands (nombre de familles)	10	
Tonnelier		1
Tourneur	2	1
Voiturier		1

**Métiers artisanaux ou emplois exercés à Sabadel.
Recensements de 1836 et 1872.**

C'est également vers 1860 qu'on voit apparaitre la première auberge, tenue par Espéret à Lacapelette. Et c'est peut-être aussi à cette époque que vivaient les « Demoiselles » dont les ruines de la maison peuvent encore être vues dans le bois de Sahuès, aux confins de la commune. On dit qu'elles vivaient de façon misérable dans leur maison au toit de chaume, et inhumaient les morts des familles pauvres qui n'avaient pas de quoi payer un cercueil [26]. Parmi les métiers représentés en 1836, on note enfin la présence d'un médecin. Jusqu'en 1852, Sabadel a en effet eu la chance d'avoir un médecin dans le village, les Rives père et fils cumulant cette fonction avec celle de maire.

L'agrandissement de l'église

En 1850, l'église de Sabadel était bien petite pour accueillir une population nombreuse qui se rendait en masse à la messe dominicale. De très importants travaux furent décidés pour y adjoindre deux chapelles latérales et une sacristie. Curieusement, les plans des travaux de 1854 déposés aux Archives départementales du Lot [27] diffèrent de ce qui a été effectivement réalisé : au lieu que le toit de chaque chapelle soit à pente unique et adossé au mur de l'église, ce sont des toits à deux pentes dont le faîtage est perpendiculaire au bâtiment principal qui ont été bâtis. Par ailleurs, les quatre piliers extérieurs de renfort de la nef au niveau du chœur ne figuraient pas sur les plans, ce qui suggère qu'ils auraient pu être rajoutés au moment des travaux ou ultérieurement. A l'origine, le portail de l'église était ouvert dans le mur latéral à gauche de la nef ; on peut encore en reconnaître une partie de la voûte à l'angle du mur de la chapelle. Il fallut donc aussi modifier l'accès en ouvrant un nouveau portail sous le clocher, dont le linteau porte la date de construction. Le cahier des charges établi pour ces transformations stipulait que l'entrepreneur Mammay devait exécuter l'ensemble des travaux dans un délai de quatre mois à compter de juin 1854, le contrat prévoyant une pénalité de 10 francs par jour de retard sur un montant total des travaux de 4 000 francs. Ce délai si court nous parait inimaginable aujourd'hui ! Les murs furent bâtis en moellons extraits « *des meilleures carrières du Lot* »., mais tous les matériaux issus des démolitions en bon état ont été réutilisés, et leur valeur déduite de la facture de l'entrepreneur.

Sabadel fut parmi les premières communes du canton à agrandir, modifier, voire rebâtir leur église. Après 1850, et alors que les religieux et les anticléricaux eurent de multiples occasions de s'affronter, la plupart des communes voisines réalisèrent à grands frais des travaux sur leurs édifices : Saint-Cernin, Cabrerets, Nadillac, Blars, Cras, Sauliac, Sénaillac, Lauzès construisant même une nouvelle église en 1862 [7].

Ces travaux, qui ont profondément modifié la typique église romane de Sabadel, ont empêché son classement aux monuments historiques.

L'essor de l'école et les progrès de l'instruction

« *Depuis longtemps l'éducation, article des plus intéressants pour le soutien d'un État, est entièrement négligée* » (Cahier de doléances de Saint Cernin [4]).

Imprégnés des idées du siècle des lumières, les révolutionnaires avaient très vite compris que l'instruction était un enjeu majeur pour l'évolution du pays et de sa population, et le 5 nivose an II (25 décembre 1793), la Convention avait proclamé que l'éducation devait être gratuite pour tous, laïque, et que les communes devaient la superviser [6]. Il faudra un siècle pour en arriver là !

Jacques-Antoine Delpon dressait en 1830 un état de l'éducation dans le département en écrivant : « *Il y a peu de communes qui ne possèdent un maitre pour la lecture et l'écriture, mais la plupart se sont jugés eux-mêmes trop peu instruits pour obtenir de l'académie un brevet de capacité; Ils inspirent peu de confiance, et les parens se voient obligés, dans plusieurs communes, d'envoyer leurs enfans auprès des instituteurs des communes voisines, ce qui augmente les dépenses et prive plus de la moitié des habitans des campagnes de recevoir la moindre instruction* » ([2], orthographe originale). Quand l'instruction est possible, elle ne concerne que les garçons car il n'y a dans le Lot que trois maisons d'éducation pour les jeunes filles : une à Cahors, l'autre à Figeac, la troisième à St.-Céré [2]. En 1833, le Lot n'occupe que le 71e rang des départements pour la scolarisation, avec 1 enfant scolarisé pour 55 habitants [1].

A Sabadel, nous l'avons vu, le niveau d'éducation était faible au début du 19e siècle ; on peut estimer d'après les actes de mariage qu'au mieux un habitant sur cinq savait lire et parler Français. A cette époque, ce sont principalement les curés des paroisses qui, dans les villages, pouvaient enseigner des rudiments de lecture aux seuls enfants que les parents autorisaient à s'adonner à cette activité peu productive. Quand on examine attentivement les actes d'État Civil de la commune, on trouve bien en 1807 la signature d'un Pierre Pradel, instituteur, comme témoin du mariage Guittard-Viguier, mais rien n'indique qu'il enseignait dans la commune. Il pouvait être un témoin d'un des époux de passage pour cette occasion.

La loi Guizot de 1833, qui rend les écoles de garçons obligatoires pour les communes de plus de 500 habitants va commencer à faire évoluer le domaine de l'éducation [6, 12, 17]. Le vote de la loi a provoqué une réunion de presque tous les conseils municipaux de France ; les élus de Sabadel se sont donc concertés sur ce sujet. Mais appliquer la loi s'avère particulièrement difficile pour une communes et ses habitants qui ont peu de moyens : les écoles sont payantes, et seuls les enfants d'indigents reconnus doivent être admis gratuitement. Les communes devaient payer au moins 200 francs aux instituteurs sur les 600 du salaire annuel minimum, le reste étant payé par les parents [6]. Enfin, il faut le brevet pour ouvrir une école primaire, mais les ecclésiastiques en sont dispensés [18]. En conséquences, beaucoup d'instituteurs sont encore sans diplôme et peu éduqués après le vote de la loi Guizot [6], et Sabadel, faute de moyens, choisit d'attendre encore quelques années.

Les premiers instituteurs

Malgré les efforts que représentait la mise en place d'une école communale pour la municipalité et pour les parents, il est possible que Louis Meysen, qui lui aussi a signé comme témoin d'un mariage en 1837, ait été le premier instituteur primaire de Sabadel. Il n'en est toutefois pas fait mention dans la liste nominative du recensement de 1836 [19]. Ce qui est certain, c'est que la commune avait envisagé en 1839 d'acheter une maison au Sieur Albareil (Albarel ?) pour en faire l'école du village, dont un plan sommaire avait été dressé par l'architecte du département. Cette maison bâtie sur deux niveaux, dont le rez-de-chaussée était adossé à un talus, comportait une pièce de 36 m^2 à chaque étage. Un escalier extérieur permettait d'accéder au niveau supérieur et au jardin situé à l'arrière de la maison. Aucune information sur sa localisation précise ne figure dans le document conservé aux Archives Départementales du Lot [28], et le plan ne permet pas de reconnaitre avec certitude une maison d'aujourd'hui. Par ailleurs, rien ne confirme qu'elle ait été effectivement achetée et transformée en école. La même année, un arrêté municipal confirme néanmoins que Sabadel a mis en place son école publique [29]. Cet arrêté fixe le traitement annuel de l'instituteur qui est de 200 francs. Le budget pour la maison d'école et le logement de l'instituteur est de 40 francs. En contrepartie, cette année là, l'instituteur doit dispenser un enseignement gratuit à 7 enfants. Le coût mensuel pour les autres enfants, assumé par les parents, est fixé par le conseil municipal et dépend du contenu de l'enseignement : 1 franc pour apprendre à lire, 1 franc 50 pour lire et écrire, et 2 francs si on ajoute l'arithmétique. Dans les années qui suivront, ces montants ne varieront pas, mais le nombre d'enfants admis gratuitement sera fixé entre 2 et 6 par le conseil municipal. D'autre part, la municipalité décida en 1841 d'allouer un budget exceptionnel pour la fabrication de tables, de bancs et de tableaux noirs dont l'école était totalement dépourvue [29].

C'est encore une fois un acte de mariage qui confirme la présence effective d'un maître d'école à Sabadel. Le 7 janvier 1841, l'instituteur primaire élémentaire de Sabadel Jean-Pierre Vidal, né à Lentillac, épouse Marie-Françoise Albarel du Mas do Long. Comme Jean-Pierre Vidal ne figure pas dans la liste nominative du recensement de 1836 de Sabadel, on peut en conclure qu'il a été nommé instituteur entre ces deux dates, probablement en 1839 ou 1840. Sabadel se mettait ainsi en conformité avec la loi Guizot. Bien qu'on n'en ait pas de preuves formelles, les sabadellois d'aujourd'hui pensent que la première école publique occupait la maison qui fait aujourd'hui face au portail de l'église[13]. Au cours de sa vie à Sabadel, Jean-Pierre Vidal va fonder une véritable dynastie d'instituteurs puisque ses 6 enfants seront tous enseignants, certains faisant par la suite ce que l'on a coutume d'appeler une belle carrière. Ils donneront à leur tour naissance à une troisième génération d'instituteurs ou de professeurs.

Quelques années plus tard, en 1850, la Loi Falloux rend l'école des filles obligatoire pour les communes de plus de 800 habitants [7]. Bien que Sabadel n'atteigne pas ce seuil de population, les élus nomment en 1852 une institutrice pour faire la classe aux filles : Sœur Agnès Réveillac, de la Congrégation du Saint Enfant Jésus d'Aurillac. Comme elle est titulaire d'un brevet d'aptitude, tout comme son collègue Jean-Pierre Vidal, Sabadel se distingue alors d'un grand nombre de communes françaises qui avaient recours à des enseignants religieux sans diplômes, situation qui durera jusqu'à la fin des années 1880 [6]. L'école des filles se tient dans une petite maison située en contrebas de l'église, où logent l'institutrice et peut-être une autre religieuse, qui dormaient dans deux alcôves aménagées sous le toit[14] [15].

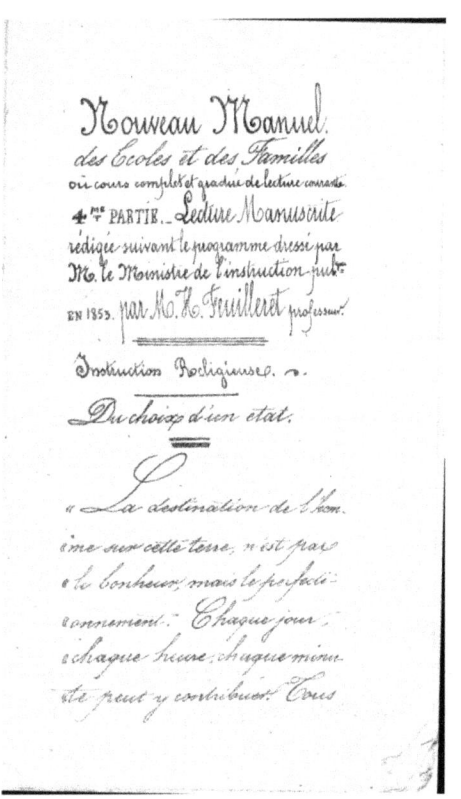

Manuel de l'école des filles de 1853

---

[13] Emplacement 6 sur le plan du bourg p. 5.
[14] Emplacement 9 sur le plan du bourg p. 5.

Maison de l'ancienne école des filles

En 1871, alors que Jean-Pierre Vidal partait enseigner à Saint-Martin de Vers [24], le deuxième de ses enfants, Jean-François Alithe, né à Sabadel en 1848, lui succéda. Il donnera à l'école de Sabadel la réputation qui fera venir parfois de loin de nouveaux élèves. Il a été soutenu dans cette entreprise par son frère cadet Urbain, qui a joué un rôle très important dans le domaine de l'instruction publique dans le département du Lot. Directeur de l'école du Vieux Palais de Cahors, puis directeur de l'école de la rue du Lycée, il fut aussi un membre influent du Conseil Départemental de l'Instruction Publique. Président ou secrétaire d'une multitude de comités ou d'associations se préoccupant d'éducation, de bibliothèques, puis d'aide aux militaires de retour de la première guerre mondiale, il ne fait guère de doutes que son action en soutien de son frère a contribué au développement de l'école de Sabadel. Outre sa fille Berthe tôt disparue, trois des fils d'Urbain Vidal (au moins...) ont eux aussi fait carrière dans l'enseignement, parfois dans des postes importants.

Jean-François Vidal, le nouvel instituteur de Sabadel, avait épousé Marie Vaysse (1855-1884) dont il a eu un fils, Jean-Pierre Léon, un sabadellois qui plus tard fit carrière à Montauban, Agen puis comme proviseur du lycée de Marseille où il est mort en 1929. Après la mort de sa femme alors âgée de seulement 29 ans,

Jean-François ne s'est pas remarié et s'est totalement consacré à son métier d'instituteur. Il a vécu à Sabadel jusqu'à sa mort.

Grâce au travail de Jean-François Vidal, les progrès de l'instruction furent alors rapides et significatifs à Sabadel. Entre 1870 et 1880, seulement 6 des 45 conscrits de la commune étaient illettrés, proportion qui situait Sabadel dans la moyenne nationale. Ce fait est remarquable pour une petite commune d'un département rural. Pour l'année 1880, 5 des 7 conscrits savaient lire, écrire et compter, un savait seulement lire, et un seul était illettré. Les progrès furent du même ordre pour les filles. Dans son mémoire rédigé en 1880 [14], Jean-François Vidal écrivait que quarante ans auparavant, lorsque son père avait été nommé à Sabadel, "*on aurait trouvé bien difficilement dans la commune une femme sachant lire, encore moins écrire*". Quarante ans plus tard, quelques femmes savaient lire, très peu écrire, mais les jeunes filles de moins de 20 ans passées par l'école du village savaient à peu près toutes lire et écrire. Dans ces années là, l'école était régulièrement fréquentée par les enfants de 6 à 13 ans, 8 mois par an en moyenne, avec un peu plus d'absentéisme au moment des moissons et de la fenaison [14]. On peut aujourd'hui encore mesurer les progrès qui en résultèrent en consultant de vieux documents ou de vieilles lettres, qui nous frappent par la beauté de l'écriture et par l'orthographe souvent irréprochable.

La qualité de travail de l'instituteur de Sabadel fut largement reconnue dans le département et au niveau national. Dès 1879, il reçut un "témoignage de satisfaction" du ministre de l'enseignement. Puis en 1884, il représenta le Lot à l'Exposition de Géographie de Toulouse, fait probablement exceptionnel pour un instituteur de village. Il y reçut une mention. Il fut aussi décoré des Palmes Académiques en 1892, puis reçut une médaille d'argent du Ministre de l'Instruction Publique et des Beaux Arts en 1899. Il devint officier d'Académie en 1903. Tout au long de sa carrière, il a bien entendu bénéficié de nombreuses promotions de grade.

En complément de son activité d'enseignement, Jean-François Vidal donnait aussi des cours aux adultes pour lesquels il fut récompensé en 1898, et il participait activement à la vie de la commune, dont il fut naturellement le secrétaire de mairie. Il a été associé à la préparation et à la construction de la nouvelle école communale, dont il soutint vigoureusement le projet. Il fut aussi un républicain convaincu et actif, en particulier dans la période qui agita Sabadel entre 1899 et 1904. Il a fait valoir ses droits à la retraite en 1906, et est décédé le 15 décembre 1921 à Sabadel, dans l'ancienne maison d'école face à l'église qu'il habitait toujours et dont il était copropriétaire [30].

La construction de l'école communale

Assez rapidement après la nomination du premier instituteur, la maison d'école, pour laquelle la commune payait 230 francs de loyer par an, devint trop exiguë pour le nombre d'élèves (on était alors à l'apogée de la population) et pour le logement de l'instituteur. En 1852, le maire de Sabadel requit auprès du préfet l'autorisation de convertir le presbytère en maison d'école. Il reçut une fin de non-recevoir assez sèche, mentionnant que l'évêque de Cahors s'opposait fermement à ce projet. Est-ce la raison pour laquelle la nouvelle école communale fut construite à l'écart du centre du bourg et de son église ? Il fallut toutefois attendre pour cela 40 ans de plus ; la vengeance est bien un plat qui se mange froid...

Entre temps, les relations entre la République et l'Eglise s'étaient un peu envenimées sur le sujet de l'enseignement. Entre 1883 et 1886 les *Lois Ferry* rendent l'école publique ou privée obligatoire. L'école publique devient gratuite, et toutes les municipalités ayant plus de 20 enfants doivent avoir une école communale. Des subsides de l'État sont accordées pour la construction ou la rénovation des bâtiments nécessaires. L'instauration de la gratuité était un progrès majeur, puisqu'auparavant c'était le préfet qui fixait le nombre d'élèves pouvant être admis gratuitement pour chaque commune. En 1865 par exemple, Sabadel pouvait admettre gratuitement 8 garçons et aucune fille [24]. Le certificat d'études est officiellement instauré en 1882 (mais il avait déjà été mis en place en 1866), et les programme d'enseignement apparaissent en 1886 [6,31]. En 1883, alors que tous ces bouleversements agitent les ecclésiastiques, Monseigneur Grimardias, évêque de Cahors, organise la lutte contre les nouveaux manuels d'instruction civique [1], relayé par les curés des paroisses mais peut-être pas par celui de Sabadel (voir *l'affaire du Conseil de Fabrique* plus loin).

Vers la fin de 1891, plusieurs plans et devis pour la construction à Sabadel d'une nouvelle école furent commandés à l'architecte départemental Monsieur Rodolosse, mais la municipalité conduite par Jean-Pierre Bastide [15] n'en accepta aucun. L'architecte fit alors un recours devant le conseil de préfecture, et la municipalité fut condamnée à payer 500 francs assortis d'intérêt pour ces plans. En juillet 1892, lors d'événements raconté plus loin, le maire Bastide remit son mandat et Eugène Delsahut le remplaça à la mairie pour une courte période de 4 ans. Le projet d'école s'accéléra alors, et en juillet 1893, le Conseil Départemental décida la construction de l'école de Sabadel, pour laquelle le ministère de l'Instruction Publique accorda une

---

[15] Jean-Pierre Marin Bastide (1830-1906) était appelé Arsène dans la vie courante, selon une pratique ancienne dans cette région [37]. Nous l'appellerons ici Jean-Pierre, prénom officiel de l'État Civil utilisé dans ses actes de maire et dans les articles de journaux qui le citent.

subvention de 12 420 francs en 1894. Malheureusement, la municipalité n'avait pas demandé toutes les subsides auxquelles elle pouvait prétendre. Elle dut donc souscrire un emprunt auprès du Crédit agricole récemment créé, qu'elle finança en augmentant les impôts de 2,25 centimes à partir de 1899 [24]. Après bien des négociations, M. Rodolosse consentit un rabais de deux cent francs, et élabora de nouveaux plans qui furent acceptés cette fois par l'administration préfectorale et par le conseil municipal [24]. La construction fut enfin engagée et les travaux achevés en 1895. Ainsi, le parti républicain put s'enorgueillir d'avoir réalisé ce beau projet, avant de rendre la municipalité à Jean-Pierre Bastide en 1896. Sabadel disposait enfin d'une école communale pouvant accueillir deux classes au rez-de-chaussée entre lesquelles s'établit la mairie, et les logements des instituteurs à l'étage.

L'affaire ne s'acheva cependant pas là. Le conseil municipal reprocha des malfaçons, et des travaux supplémentaires furent nécessaires en 1898. En 1900, l'entrepreneur Paulin Escudié de Vaillac dut faire un recours auprès du Conseil de Préfecture pour se faire payer le solde des travaux qu'il avait effectués. En 1903 et 1904 des crédits furent obtenus pour de nouveaux travaux, et ce n'est qu'en 1905 que fut construit le préau couvert. L'école de Sabadel était définitivement établie dans ses murs et disposait d'un espace digne de l'enjeu, la formation de générations d'élèves pendant les 123 ans qui suivirent sa construction.

L'école de 1895

La construction des routes et l'ouverture vers l'extérieur

Se déplacer dans le Quercy au temps de la Révolution avait tout d'une aventure. Selon Henry Richeprey, qui parcourut le Rouergue et le Quercy en 1780, la grande route de Paris à Toulouse, ancienne voie romaine, était le seul chemin praticable du Quercy [32]. Après la révolution, il fallut que le gouvernement impérial dépense des sommes colossales pour la remettre en état, tant son entretien avait été longtemps négligé [2]. Les choses vont peu changer pendant le siècle suivant, l'absence de routes et chemins dignes de ce nom isolant les villages du Lot, et tout particulièrement ceux des Causses. Dans d'autres parties du département, on se déplaçait bien un peu, mais dans quelles conditions ! En 1820, une charrette attelée de bœufs mettait jusqu'à 6 heures pour faire les 6 km du chemin de La Madeleine à Cahors [32].

A Sabadel, la carte de Cassini dressée en 1782 ne faisait apparaître qu'un seul chemin traversant l'est de la commune selon un axe NE-SO. Il descendait de Lentillac vers le Valadié, puis rejoignait le Camp Grand, le Gendrou, Pech de Moles, et Vialolles en direction de Cahors. Certaines parties de ce chemin ont aujourd'hui disparu. Bien entendu, l'axe principal que nous connaissons traversant le bourg (D13) et le pont de Sabadel n'existaient pas. De plus, rappelons que l'entretien des chemins vicinaux reliant les bourgs était tellement négligé qu'ils étaient impraticables à la mauvaise saison, ne permettant au mieux que le passage de piétons ou de cavaliers. Trop étroits, deux charrettes ne pouvaient pas s'y croiser, même à la belle saison [2]. On a vu à travers le contenu des cahiers de doléances à quel point l'isolement provoqué par cette absence de voies de communications, empêchant le commerce des productions agricoles, avait un effet négatif sur la vie des villageois.

Sous la Restauration, à partir de 1821, les choses auraient dû changer puisqu'une ordonnance royale du 24 octobre ordonna l'ouverture de 20 routes départementales dans le Lot, dont la route N°13 (renommée plus tard N°10, puis à nouveau N° 13) devant relier Cahors et Figeac par Larroque des Arcs et Lentillac. Bien que cette route fût d'une très grande importance pour le département en reliant ses deux villes principales, son tracé était encore en discussion dix ans après l'ordonnance royale, en 1831, et on envisagea même de ne pas la faire passer par Larroque, Sabadel et Lentillac à cause du coût trop dispendieux des travaux pour le passage des vallées étroites et profondes, dont celle de la Sagne [2].

Néanmoins, les travaux d'ouverture du défilé de Tustal entre Larroque et Vers, colossaux pour l'époque, furent effectués en 1844-1845, et la route départementale 13 achevée entre Cahors et Lauzès en 1850 [32]. Au-delà, aucun chemin n'était terminé, mais un chemin vicinal reliant Sabadel à Sénaillac était en construction. La décision de faire passer la route N°13 par Sabadel avait été prise en 1846, et les terrains furent acquis en 1853. La construction d'un viaduc enjambant la vallée de la Sagne était alors envisagée, mais c'est la solution d'un imposant remblai qui fut choisie en 1854. A cet effet des terrains supplémentaires ont été acquis dans le « Pré de Moussu », et les travaux effectués par l'entreprise Belbèze purent être réalisés en 1855 et 1856. La route Cahors-Figeac approchait de sa forme définitive, même si elle n'était à l'époque qu'une voie empierrée. Elle ne sera goudronnée qu'en 1935 [7].

Le Pont de Sabadel

Caractéristiques du remblai

Longueur : 140 mètres, largeur à la base : 50 mètres, largeur de la route : 7 mètres. Soixante troncs de chêne ont été enfoncés dans le sol pour asseoir le remblai. Les matériaux nécessaires ont été trouvés localement, provenant des 2 tranchées creusées de part et d'autre du remblai. Ils ont été et transportés par des charrettes tirées par des bœufs, parfois même à l'aide de brouettes.

Mais l'histoire de la construction de cette route départementale, aussi importante fut-elle pour le village, ne résume pas à elle seule les transformations qui affectèrent Sabadel dans la seconde moitié du 19e siècle. Une carte de 1862 conservée avec le cadastre napoléonien à la mairie de Sabadel [21] détaillait un important réseau de très petits chemins maillant la commune, réseau beaucoup plus dense que celui des communes voisines (ci-contre). On peut voir sur ce tracé d'importantes différences avec le relevé de Cassini puisque deux chemins principaux traversent le bourg. L'un, orienté NO-SE, arrive de Saint-Martin en longeant à Sabadel la rive gauche de la Sagne au niveau même du ruisseau, puis bifurque vers Lentillac à proximité du Valadié. L'ancien chemin Lentillac-Valadié-Le Gendrou n'est plus identifiable comme une voie principale, mais le tracé de la route N°13 apparait enfin comme la seconde voie de circulation principale. Sur la rive droite de la Sagne, la voie de passage la plus importante était le chemin de Sabadel à Cabrerets, aujourd'hui « chemin du ruisseau qui se perd ».

Après 1850, plusieurs autres voies de communication avec les villages voisins vont être ouvertes. Ces travaux vont être facilités par une loi de 1868 sur la souscription de prêts par les communes [17], et l'élaboration de la charte des chemins vicinaux [18]. On trouve ces nouveaux chemins mentionnés dans des avis d'expropriation publiés dans le *Journal du Lot* [24] sous des appellations qui apparaissent aujourd'hui désuètes :

- Chemin vicinal ordinaire de première classe numéro 1 de Lauzès au chemin vicinal de grande communication (Saint-Martin-Sabadel) numéro 13 (1863).
- Chemin vicinal ordinaire de deuxième classe numéro 1 de Sabadel à Saint-Cernin (1869).
- Chemin vicinal ordinaire de deuxième classe numéro 5 de Sabadel à Cabrerets (actuelle D13 sur la rive gauche de la Sagne – 1869). Le financement de travaux pour la partie reliant le Bourg de Sabadel à la D13[16] a été accordé par le Conseil Général en 1880. L'histoire de ce chemin numéro 5 semble cependant avoir été quelque peu chaotique, puisque qu'on trouve mention dans le *Journal du Lot* [24] et *L'Express du Midi* [33] des 5 et 6 février 1897 de l'approbation d'un avant-projet de chemin d'utilité publique, possiblement en relation avec la construction de l'école à la même époque.

---

[16] Les nomenclatures successives des routes de Sabadel prêtent à confusion. La route départementale N°13, aujourd'hui D653, a été un temps appelée D13. La D13 d'aujourd'hui va de Cabrerets à la D820 en passant par le bourg de Sabadel et Saint-Martin de Vers.

En 1867, les 20 routes départementales du Lot, larges de 8m, sont achevées [32], et la communication avec les villages voisins va bientôt être facilitée. Si on ajoute a ceci la mise en chantier des petites lignes ferroviaires en 1880 [23] et l'inauguration de la gare de Vers en 1886, la vie des sabadellois et l'avenir du village vont s'en trouver immédiatement bouleversés. Les instituteurs du Lot ne s'y trompent pas lorsqu'ils écrivent en 1881 qu'ils « *se réjouissent de l'arrivée des routes qui apportent la prospérité et la civilisation* » [12].

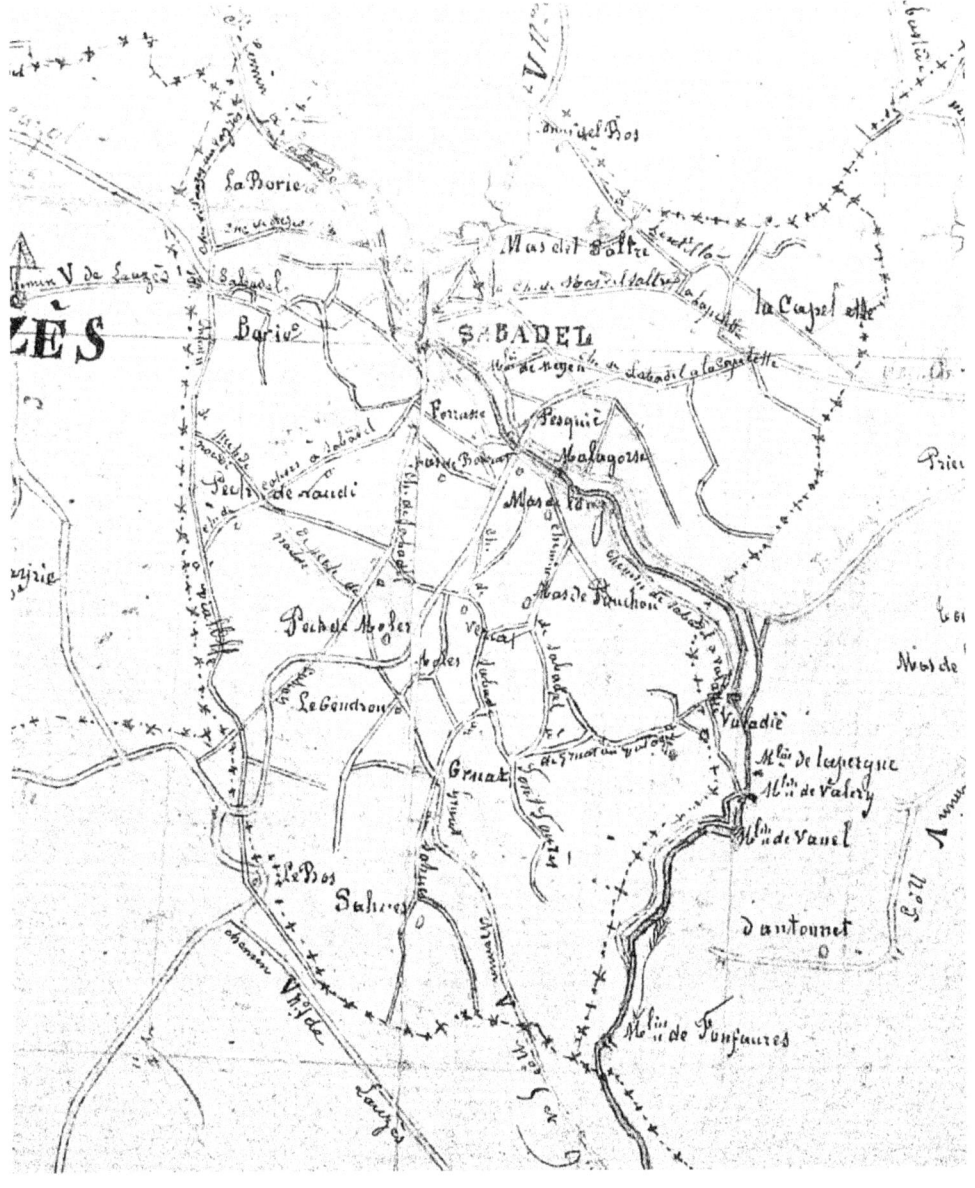

Carte de 1862 mentionnant les nombreux chemins de Sabadel, et le tracé de la route N°13 [21]

La guerre de 1870

La mobilisation décidée le 15 juillet 1870 par le Conseil des ministres et la déclaration de guerre de la France à la Prusse du 19 juillet ont dû émouvoir les habitants de Sabadel comme d'ailleurs, surtout ceux qui devaient partir au front. Dans une commune conduite par des élus aux affinités bonapartistes, le sentiment patriotique l'a sans doute emporté, et peut-être a-t-on crié comme dans beaucoup de régions du pays « A Berlin ! A bas la Prusse ! ». On a cependant retrouvé peu de traces de cette période concernant le village de Sabadel, et on ne sait en particulier pas combien d'hommes sont partis vers le nord du pays, ni combien ont perdu la vie dans cette campagne. Toutefois, une lecture attentive des résultats du recensement de 1872 fait apparaitre le nombre important de 17 veuves dans le village, pour une population de 563 habitants. Sept d'entre elles, en charge de 9 enfants, avaient moins de 45 ans. Ce sont parmi ces époux disparus que peuvent se trouver les victimes de la guerre.

L'histoire partielle d'un seul soldat mobilisé nous est parvenue, contenue toute entière dans deux documents rares : le « Congé de Libération », et la « Constatation de Service » de Vincent Saillens, documents militaires retraçant ses années de service dans l'armée du second empire.

Pierre Vincent Saillens, qu'on appelait Vincent, était né le 8 octobre 1844 dans la maison de ses parents près de l'église de Sabadel. Son père Pierre Saillens (1818-1902) était agriculteur. Lorsqu'il eut 20 ans, Vincent dut participer au tirage au sort pour le service militaire, qui était alors d'une durée de 7 ans. Il eut la malchance de tirer un mauvais numéro, et comme sa famille n'avait pas les moyens de payer un remplaçant, il dut partir. Il suivit d'abord deux périodes d'instruction militaire, à l'automne 1865, puis entre janvier et mars 1867. La même année, le 24 mai, il fut incorporé au 58ᵉ Régiment d'Infanterie comme appelé. Un peu plus de trois ans plus tard, il dut monter au front dans l'est de la France le 18 août 1870, et fut fait prisonnier de guerre deux semaines plus tard, le 3 septembre, c'est à dire le surlendemain de la défaite de Sedan qui annonçait la fin d'une guerre qui aurait été brève. Il restera prisonnier près d'un an, et ne sera libéré que le 2 juillet 1871. Finalement dégagé de ses obligations militaires le 31 décembre 1871, il put rentrer chez lui après 4 années données à son pays. Il épousa Julie Marquès deux mois plus tard.

Bien des années après, en 1906, Vincent Saillens sera élu président du conseil de surveillance de la section de Lauzès des « Vétérans des armées de terre et de mer », qui comptait plus de 50 membres [24]. Ce n'est qu'en 1913 que les vétérans de 1870-1871 recevront une médaille lors d'une cérémonie à Lauzès au cours de laquelle Vincent chanta des chansons patriotiques [24].

La défaite de l'été 1870 déboucha sur l'avènement de la troisième République, proclamée par Léon Gambetta le 4 septembre 1870. Paradoxalement, ses débuts furent marqués dans le Lot par la victoire électorale des Bonapartiste, au point que le département fut surnommé « la petite Corse » [1]. Les républicains y perdirent les élections de 1871 et de 1876 [31]. Sabadel participa à ce mouvement en reconduisant son maire conservateur, Jean-Pierre Bastide. Elu conseiller municipal en 1896, Vincent Saillens fut un vigoureux opposant aux partisans bonapartiste qui étaient à la tête de la municipalité de Sabadel, devenant en 1906 le président du Comité Radical fondé trois ans plus tôt à l'occasion des sévères affrontements de l'affaire du Conseil de Fabrique.

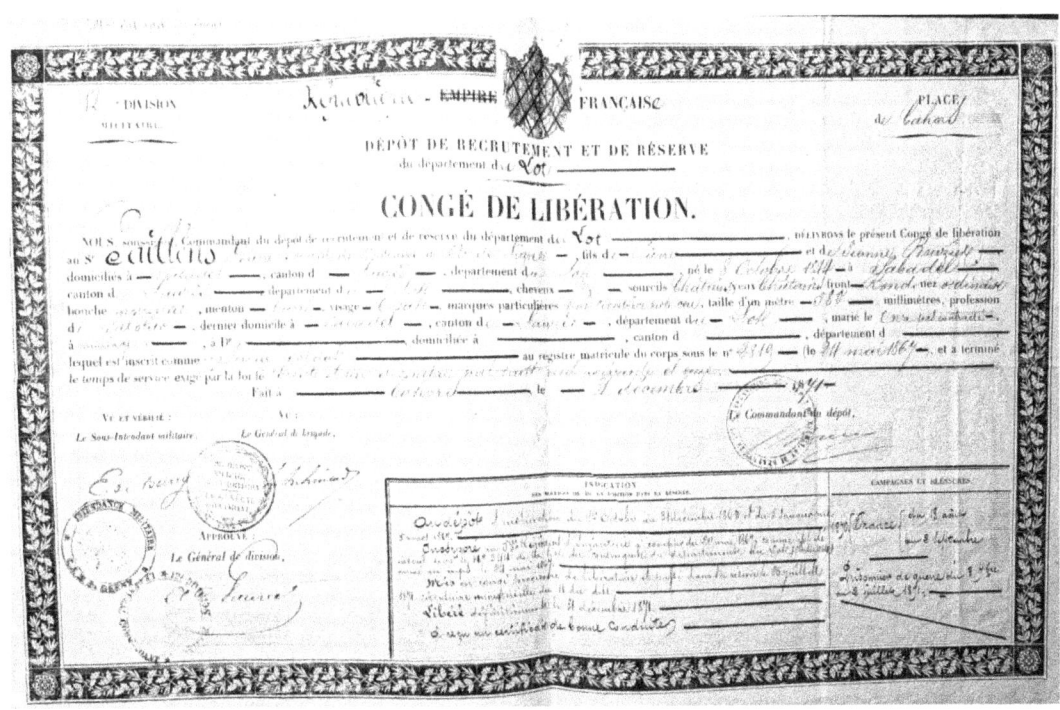

Congé de Libération de Vincent Saillens

3

1870-1914. LES GRANDS BOULEVERSEMENTS

A l'orée des années 1870, le Lot vient de réaliser d'importantes améliorations de ses infrastructures de communication, mais les villages du Causse ont encore peu changé. Sabadel est toujours très peuplé, même si certains ont déjà commencé à aller tenter leur chance ailleurs. Il compte 568 habitants dans ses 28 lieux-dits répertoriés dans le recensement de 1872, dont certains sont très importants comme Lacapelette avec 19 maisons et 79 habitants, ou le Mas Del Saltre avec 16 maisons et 53 habitants, voire même le Pech de Naudy qui comptait 7 maisons pour 30 habitants. C'est à cette époque que le destin du village, tout comme celui du département, va basculer avec le début d'une vague d'émigration sans précédent.

Lieux dits[17]	Familles	Habitants
Le Bourg	40	142
La Capelette	19	79
Mas Delsaltré	16	53
Mas de Long	7	22
Mas de Pouchou	7	29
Le Bercat	9	25
Le Gendrou	2	16
Le Valadié	6	21
Malagorse	5	15
Mas de Bourrat et Roucan	6	26
Ferrasse	3	13
Bories	4	16
Pech de Naudy	7	30
Traversou – Taulandes – Camp del Bos	4	12
Laborie	3	16
Mathieu et Le Pesquié	4	15
Pech de Moles	2	7
Camp Grand	1	5
Le Bosc	1	3
Moles	2	7
Le Gruat et Dévèzes	2	7
Camp de Levert	1	5
Le Ségala	1	4
TOTAL	152	568

**Répartition des habitants de Sabadel dans les lieux-dits
(Recensement de 1872, [19])**

---

[17] Jusque vers la fin du 19e siècle, les lieux-dits étaient encore souvent désignés par le terme de « villages ». Ainsi disait-on « village de Ferrasse », « village del Saltré »... Les appellations et l'orthographe dans ce tableau sont celles mentionnées sur le registre du recensement.

L'émigration des jeunes sabadellois

Une vague d'émigration

L'histoire de l'exode rurale commence en France dès le début du 19e siècle, s'accélère vers 1840 puis devient très rapide à partir de 1896. Elle concerne en général moins les agriculteurs que les artisans qui peuvent plus facilement trouver à s'employer dans les villes [23]. En 1939, deux tiers des départements de France ont moins d'habitants qu'en 1851 [18, 6].

A Sabadel, l'apogée de la population est atteint vers 1850, la commune comptant 615 habitants au recensement de 1856. Commence alors une décrue d'abord modérée, au même rythme que celle de la population du Lot, puis à partir de 1896, cette décroissance s'accélère brusquement, et la dépopulation du village est bien plus brutale que celle du département. En 10 ans seulement, entre 1896 et 1906, Sabadel perd plus de 30% de sa population (10% pour le département), qui passe de 503 à 348 habitants.

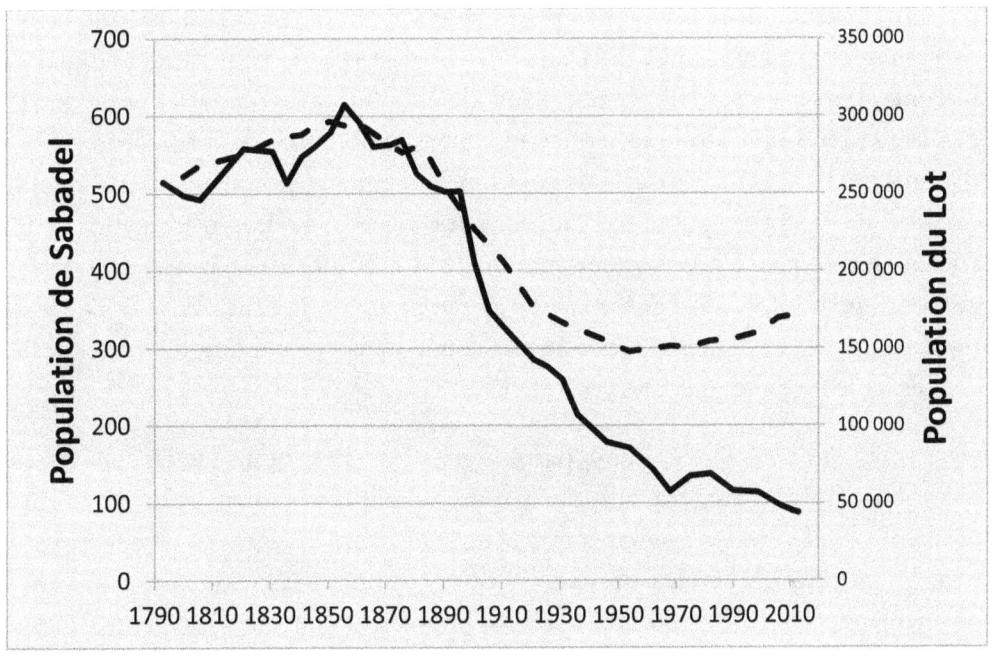

Démographie de Sabadel (trait plein) et du département du Lot (trait pointillé)

La raison de cette chute de population ne réside pas dans une augmentation dramatique des décès, mais bien dans des départs. Ce sont des jeunes qui quittent le village. On peut le mesurer en observant l'évolution du nombre de femmes de 15 à 49 ans, en âge de procréer, qui baisse bien plus vite que celui de la population totale. Leur nombre diminue de 45% entre 1876 et 1906. Ces femmes n'ont évidemment pas « disparu », comme cela a pu être écrit, mais elles sont parties avec leurs époux, avec pour conséquence que la diminution des naissances pèsera aussi sur la démographie de Sabadel et l'avenir du village.

Au milieu du 19e siècle, Sabadel est surpeuplé. Il n'y a pas assez de terres pour nourrir une telle population, et la taille trop réduite des exploitations ne permet pas la survie décente de familles généralement nombreuses. On estime qu'à cette époque il fallait cultiver 2 hectares pour nourrir une personne [34]. Or à Sabadel, avec une superficie totale de 820 hectares (474 hectares mentionnés pour l'année 1787 dans le cahier de doléances ; il peut s'agir de la surface cultivée), on dispose alors au mieux d'environ la moitié de la surface considérée comme nécessaire. De plus, l'agriculture en France et dans le Lot ne se porte pas bien. Pendant le printemps et l'été 1868, la France connait sa dernière grande famine, conséquence d'un hiver particulièrement rigoureux. Dans les années 1870, le phylloxéra fait des ravages dans le Lot, qui y perdra la moitié de son vignoble. Les cultures industrielles, dont le chanvre on l'a vu, régressent. Une grande dépression agricole sévit à partir de 1878 [12], les prix de gros agricoles en France baissant de 39% entre 1871 et 1896 [17]. Pour ajouter au malheur des jeunes paysans sabadellois, une série de lois adoptées dans les années 1870 généralise et rend obligatoire le service militaire, d'une durée de 5 ans entre 1873 et 1889, puis de 3 ans [17, 35]. Certains sont tentés d'émigrer pour échapper à la lourde contrainte de la conscription. La vie dans les villages du Lot n'est pas non plus particulièrement gaie. Un instituteur écrit en 1881 à propos des paysans du Lot *« La monotonie d'une vie de travail et de privations n'est rompue qu'une fois l'an lors de la fête du saint patron (…) qui dure deux jours »*. On comprend que dans ces conditions, certains aient voulu tenter leur chance ailleurs.

Jusque vers la fin des années 1850, partir n'allait pas de soi puisque les villages était inaccessibles [12]. La construction de la route reliant directement Sabadel à Cahors est sans nul doute un des événements majeurs qui vont changer les perspectives des villageois. La mise en service du chemin de fer Cahors-Capdenac, avec sa gare de Vers inaugurée en 1886 - 50 ans après la première voie ferroviaire entre Paris et Orléans [18] - ouvrira aussi d'autres perspectives de voyages, et donnera des envies de découvertes aux plus aventuriers. Cette irruption du progrès peut avoir été à l'origine de l'accélération de l'émigration dans les années 1890. Ceux qui avaient alors une situation précaire ou qui croyaient pouvoir faire fortune ailleurs trouvèrent l'espoir de se faire une vie meilleure.

Une grande partie des migrations va se faire vers les villes, dans le département ou plus loin en France, souvent à Paris. On espère trouver un emploi dans les industries naissantes et une vie plus confortable. « *Mais ce n'est pas tout, il est certain que les faveurs spéciales dont les ouvriers des villes jouissent, par exemple les institutions de crédit et de bienfaisance, notamment les crèches, les salles d'asile, les sociétés de charité, les hôpitaux, les caisses d'épargne, les sociétés de secours mutuels, etc. Toutes institutions qui existent d'une manière incomplète au profit des habitants de campagnes, quand elles ne sont point à l'état de projet, sont un stimulant énorme pour l'émigration de ces derniers* » [24].

Dès les années 1860, de nombreux articles dans les journaux du Lot s'alarment de cette vague préoccupante de départs, certains en attribuant même la cause aux progrès de l'instruction[18]. Puis dans les années 1880-1890, une campagne de presse s'organise pour lutter contre cette désertification. Les journaux publient alors de nombreux articles relatant les déboires et la misère des émigrants. Mais ces avertissements n'enrayeront pas les départs.

L'histoire de la famille d'Eugène Magot, menuisier-charpentier à la Croix de Ferrasse dans la seconde moitié du 19ᵉ siècle, est exemplaire des difficultés de faire vivre une famille dans une petite exploitation des Causses, et des motivations qui poussèrent à émigrer vers les villes. L'aîné des enfants d'Eugène naquit en 1862 et reçut comme le voulait la tradition du Quercy le prénom de son grand-père, Jean-Pierre. Puis vinrent Marie Léonie qui ne vécut qu'un an, et Prosper, né huit ans après son aîné. Lorsqu'Eugène mourut en 1889, Jean-Pierre reprit l'activité de charpentier et l'exploitation de la petite propriété de son père. Comme il n'était pas possible de faire vivre deux familles sur la ferme, Prosper, le cadet, décida de partir tenter sa chance à Paris et y devint employé. Comme Jean-Pierre n'eut pas de descendance, c'est son neveu Raymond, fils de Prosper, qui aurait aimé reprendre l'artisanat de son oncle charpentier-menuisier vers 1920, mais il était alors devenu difficile d'en vivre. Les agriculteurs ne payaient leurs factures qu'au moment de la vente du tabac, et les rares familles aisées de Sabadel, malgré quelques grosses commandes, ne suffisaient pas à faire vivre les artisans. Il reprit seulement l'exploitation de la ferme. Son frère aîné Marcel était resté à Paris et avait appris le métier d'horloger, qu'il revint exercer à Sabadel à la fin de sa vie, de 1959 à 1969. Certains se souviennent encore de sa petite échoppe d'horloger dans le Bourg. Cet exemple illustre aussi ce que sera la tendance

---

[18] *Journal du Lot*, 17 août 1867 [24].

de la seconde partie du 20ᵉ siècle : après une vie d'exil parfois lointain, certains reviennent prendre leur retraite à Sabadel, aux sources de leur famille, contribuant ainsi à maintenir la vie du village. D'autres ne partent pas définitivement, mais s'éloignent un temps pour apprendre un métier. C'est le cas d'Alithe Rouchayroles, qui quitta Sabadel le 23 mai 1899 à 6 heures du matin pour entamer son Tour de France des Compagnons du Devoir afin d'y apprendre le métier de forgeron. Son périple le fit passer par Fumel, Agen, Bordeaux et Paris, avant un retour à Sabadel en avril 1900. Il s'installa au Pont comme agriculteur-forgeron et devint, nous le verrons, un des personnages importants de la commune [40].

Mais de tous les départs qui eurent lieu, les plus fascinants sont incontestablement ceux d'individus qu'on peut considérer, compte tenu de l'époque, comme de vrais aventuriers. Comment des sabadellois qui n'avaient eu jusque là d'autre perspective que leur petit village lotois ont-ils pu décider un beau jour d'émigrer en Algérie, en Amérique du Sud, ou en Russie ?

Prenons par exemple le cas de Cyprien Amadieu, né à Sabadel en 1856 d'une modeste famille de cultivateurs du village de Moles. Il épousa Marie Vidal, et leurs deux premiers fils naquirent à Sabadel en 1885 et 1887. C'est alors que la famille partit pour l'Algérie. Dans cette fin du 19ᵉ siècle, cette destination était assez courante puisque l'Algérie était une terre d'émigration de peuplement, favorisée par l'État qui souhaitait établir durablement des familles d'origine française pour mettre en valeur cette colonie conquise en 1830. L'État offrait 10 hectares de terre aux volontaires, et le voyage était gratuit. Il est possible que d'autres sabadellois aient voulu bénéficier de ces conditions exceptionnelles et soient partis pour cette destination à la même époque, mais nous n'en avons pas trouvé la trace.

Cyprien Amadieu et sa famille à Chéraga en 1891

Cyprien devint contremaître dans un grand vignoble de Chéraga, non loin d'Alger. Mais il avait le mal du pays, alors que sa femme Julie, qui nourrissait les ouvriers qui travaillaient dans les vignes, se plaisait beaucoup en Algérie. Ils rentrèrent à Sabadel en 1894 et s'établirent au Bosc, où Cyprien fut charpentier-menuisier et où il exploita aussi ses terres jusqu'à sa mort en 1932. Leur troisième enfant, une fille prénommée Clotilde, née à Chéraga, épousa bien plus tard à Sabadel Marius Régis, né … à Montévidéo ! Le père de Marius, agriculteur à Lauzès, avait émigré en Uruguay dans les années 1870. Il était régisseur d'une grande exploitation, mais une grave maladie l'a contraint à rentrer en France en 1892 [25]. La sœur de Cyprien Amadieu, Marie Amadieu-Jardel, vivait quant à elle en Argentine. Avec une fille en Argentine, son frère en Algérie et sa nièce qui épousa un natif d'Uruguay, voilà une famille de grands voyageurs lotois !

En évoquant ici le cas de Cyprien Amadieu, on ne peut résister au plaisir de mentionner ce témoignage d'une autre époque retrouvé pas sa petite fille dans les archives familiales. Pour certaines démarches administratives, les maires des communes signaient des « certificats de bonne conduite » à leurs concitoyens.

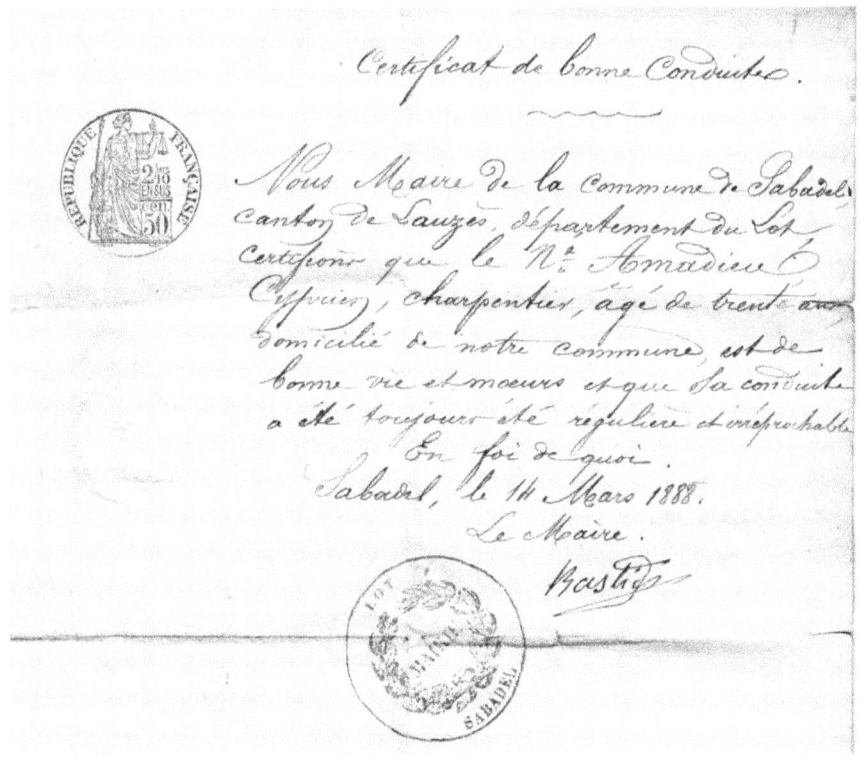

Certificat de bonne conduite signé par Jean-Pierre Bastide pour Cyprien Amadieu

Si l'Algérie, par son statut de colonie française, peut sembler une terre naturelle d'émigration à cette époque, il est par contre surprenant que les émigrants les plus nombreux soient partis pour l'Amérique du Sud.

A la recherche de l'Eldorado

L'émigration vers l'Amérique du sud est organisée et favorisée à partir des années 1860. Des annonces passées dans les journaux (ci-dessous) informent les candidats potentiels des conditions exceptionnelles qui leur sont faites, tant pour l'organisation de leur voyage que pour leur installation sur place. Alors que l'émigration vers l'Amérique du nord se ralentit, ce sont divers pays d'Amérique centrale ou du sud qui veulent attirer des colons : Mexique, République Dominicaine, Venezuela, Brésil, Uruguay, Colombie… Mais c'est vers l'Argentine que les départs furent les plus nombreux, pendant une longue période de trente années. Cette émigration devint même massive après que le vignoble lotois ait été ravagé par le phylloxéra. A la fin des années 1880, le nombre des habitants de Cahors à Buenos Aires était alors assez considérable pour qu'on ait donné à une rue le nom de « rue des cadurciens ».

> *Il s'organise à Paris sous les auspices de l'ambassade autrichienne, un comité d'émigration pour le Mexique. Les conditions offertes aux cultivateurs français sont très belles : transport gratuit pour eux et leurs familles ; concession de vingt arpents de terre arable, exemption d'impôt pendant 10 ans, ainsi que du recrutement militaire. Les agents mexicains sont également chargés d'enrôler des travailleurs pour les mines de la Sonora.*
>
> Le Journal du Lot - 10 janvier 1866 [24]
>
> *Agence maritime.*
> *Emigration pour la République argentine*
> *Service spécial à prix réduits par Bordeaux et le Havre (200 fr. nourriture comprise). Dix départs par mois. A l'arrivée à Buenos-Aires, nourriture et logement gratuits jusqu'au placement de l'Emigrant.*
> *Salaires variant de 8 à 15 fr., suivant la profession. Climat tempéré et très sain. Les cultivateurs ont des avantages exceptionnels.*
> *S'adresser, pour plus amples renseignements, à l'Agence, 3, rue de Flandre, à Paris.*
>
> Le Journal du Lot - 28 juillet 1869 [24]

Les sabadellois sont partis nombreux, comme en atteste cet article paru dans le *journal du Lot* du 20 avril 1889 : « *Sabadel. Dimanche, sont partis de notre commune, quatorze personnes, les familles Issaly, Dablanc, Soldadié, Gardou, pour Bordeaux, où elles vont s'embarquer, le 17 courant, à bord du Cordoba, de la Compagnie des Chargeurs-réunis, pour la*

République Argentine. Le mois dernier, il en est parti le même nombre pour la même destination. Si cela continue, dans cinq ou six mois, notre commune sera bientôt dépeuplée » [24].

Beaucoup sont revenus après une expérience plus ou moins difficile. En 1891, Basile Blanc, émigré en Argentine pour y travailler dans une mine d'or, adresse une lettre poignante à son frère Jean-Louis horloger à Sabadel pour qu'il intervienne auprès du député pour avoir une carte de rapatriement. Il dit ne plus pouvoir vivre en Amérique. Sa femme et sa fille souffrent d'une fièvre typhoïde, et le pays est dangereux. Sans travail, il ne peut plus sortir de chez lui sans avoir un couteau à la ceinture. Pour d'autres, les malheurs ont commencé dès le voyage de départ. Ainsi un certain Faurie décrivait dans une lettre à son cousin Louis Massip de Sabadel avoir perdu sa fille au cours du voyage qui le menait en Argentine, puis deux de ses neveux une fois installé. Sa situation d'agriculteur semblait néanmoins satisfaisante, et dans d'autres lettres, il demandait à son cousin de lui envoyer des barriques de vin pour « faire des essais ». Il reste un témoignage de ces échanges dans la cave de la maison Rives de Sabadel où se trouvent encore de très grands fûts de bois qui viennent de ce temps lointain d'embryon de commerce international entre Sabadel et l'Argentine.

Jean-Baptiste Magot quant à lui, né au village de Delsaltré (le Mas del Saltre d'aujourd'hui) a émigré en Colombie pour des raisons très différentes. Il était étudiant dans une congrégation religieuse lorsque fut votée en 1905 la loi de séparation des Eglises et de l'État. Des congrégations décidèrent alors de quitter le pays, et certaines ont émigré en Amérique du Sud. Jean-Baptiste, qui avait alors 20 ans, suivit ses maîtres à Bogota. Il y devint directeur du Colegio Mayor de Nuestra Senora del Rosario, fondé au 17e siècle, qui est encore aujourd'hui une des plus prestigieuses institutions du pays. Marié, il a eu un fils chirurgien, Alphonse né en 1923 et décédé vers l'âge 30 ans. La légende dit qu'il se serait constitué un important patrimoine immobilier (« *il avait des gratte-ciel* »). Jean-Baptiste aurait cependant souhaité revenir en France, mais arrivé à Marseille, alors qu'il était toujours de nationalité française, il fut considéré comme déserteur et a du repartir en Colombie, où il vécut jusque dans les années 1950 [36].

Enfin, parmi ceux dont nous avons pu reconstituer au moins partiellement le parcours, il faut citer les deux cousins Bastide, tous deux prénommés Victor, qui ont probablement émigré ensemble en 1889 en Argentine. On ignore à quel métier Victor (Noël) Bastide du Gendrou a consacré sa vie d'émigrant. Il y a fondé une nombreuse famille et ses descendants sont dorénavant citoyens argentins. La vieille photo (page suivante) qui nous est parvenue de ce temps-là semble indiquer qu'il y a plutôt bien réussi sa vie. Son cousin (Jean) Victor Bastide, du Mas de Pouchou, fils du maire de Sabadel Jean-Pierre Bastide, eut quant à lui une vie très extraordinaire. La trace de son passage est retrouvée à Cordoba en 1889, où il séjourne jusqu'à fin 1890, puis il passe par Rosario de Santa Fe où, célibataire, il exerce la profession d'employé [37]. Il rentre en France en 1898 après neuf ans d'absence. C'est alors que commence l'aventure de sa vie, peu banale pour un émigrant du Lot.

Famille de Victor Noël Bastide en Argentine vers 1925

L'aventure russe de Victor Bastide

Cette épopée a pu être retracée par la correspondance qu'échangea Victor avec sa famille, constituée d'une vingtaine de lettres conservées au Mas de Pouchou par la famille Bastide, et complétée par le travail de recherche de Guylène Serin [37]. Victor, né le 27 décembre 1863 à Sabadel, était le deuxième enfant, aîné des garçons, de Jean-Pierre, maire de Sabadel depuis 1861 et Rosalie Bastide, qui donnèrent naissance à 4 garçons et 4 filles. Il avait donc 35 ans lorsque le 15 juillet 1898 il rejoint sa famille à Sabadel après les 9 années passées en Argentine. Moins d'un mois plus tard, le 7 août 1898, Victor est à Gambais, commune de Houdan près de Versailles, où il résidera jusqu'en octobre. Que faisait-il là ? Compte-tenu de la suite de son parcours, on peut penser qu'il est venu y apprendre les techniques d'élevage des volailles, enseignées dans l'école pratique d'aviculture de Gambais.

**La famille Bastide vers 1900. On ignore si Victor figure sur cette photographie.
Au premier plan, le maire Jean-Pierre Bastide et son épouse**

C'est sans doute le hasard qui va alors décider de son avenir. Au même moment, le général russe Nikolaï Alexandrovitch Orloff (ou Orlov selon l'orthographe moderne) est à Paris pour faire des recherches dans les archives militaires françaises. Son épouse Olga qui l'accompagne se passionne pour l'élevage des volailles et est à la recherche d'un spécialiste français qui pourrait l'aider à développer un élevage. A Gambais, elle croise probablement Victor et le convainc de l'accompagner en Russie. Avant de partir, Victor effectue une période d'exercices militaires, dans la première quinzaine de novembre 1898 ; le 20 novembre, il est à Sabadel, puis on le retrouve quelques mois plus tard, en janvier 1899, résidant rue Pouchkinskaya à Saint-Petersbourg [37].

Victor n'est pas le seul sabadellois à être parti en Russie. Dans la plupart des lettres qu'il a adressées à sa famille, il parle souvent de son fidèle Firmin, sans jamais citer son nom de famille, qui l'assista dans son entreprise jusqu'à la fin de sa vie. Il est très probable qu'il s'agit de Pierre Firmin Albarel, né le 18 juin 1878 à Sabadel. En effet, le prénom Firmin n'était pas courant et la famille Albarel était domiciliée au Mas de Long, donc voisine de la famille Bastide. Victor a dû convaincre son jeune voisin de l'accompagner dans son aventure. Un peu plus tard, en 1902, un autre sabadellois, Marcel Meulet, les rejoignit, mais rien n'indique qu'il soit resté longtemps en Russie.

Une ferme avicole va être créée à Orlovka, propriété de la famille Orloff située à 4 km de Borovenka, dans la région de Novgorod, à 220 km au sud-est de Saint-Petersbourg. En avril 1901 le projet prend forme et Victor écrit à sa sœur :

« Quant à moi, je suis pour le moment très bien portant, mais pas sans travail nous avons commencé les incubations, et maintenant ce sera de plus en plus que nous serons accablés de travail. Nous commencerons l'engraissement au mois de juillet car les restaurateurs de Petersbourg en veulent des quantités pour cette époque. Il est probable que cette année nous pourrons acheter 6 ou 7000 poulets dans les autres provinces russes, et je crois que d'ici quelques années l'établissement d'Orlovka sera très remarquable. On nous écrit déjà de très loin pour avoir des œufs de Faverolles ou nous demander des renseignements ».

Dans les années qui suivirent, l'élevage devint si prospère que la charge de travail de Victor l'empêcha de revenir visiter sa famille à Sabadel aussi souvent qu'il l'aurait souhaité. Madame Orloff semble avoir été très présente dans le développement de l'exploitation, et Victor évoqua souvent des travaux d'agrandissement. En 1903, une nouvelle étape est franchie avec la création d'une école pratique d'aviculture. Victor parle souvent dans ses lettres de cette école qu'il dirige, comme dans cet exemple daté de 1909 :

« *Madame d'Orloff est en ce moment à Petersbourg pour renouveler le contrat de l'école. Nous allons faire encore des agrandissements pour avoir plus d'élèves et élargir encore l'enseignement. Il y aura plus de professeurs et par conséquent plus de cassements de tête et plus de travail* ».

Dans cette même lettre, Victor montre aussi son intérêt pour l'innovation technique : « *Mon incubateur travaille très bien et nous avons déjà pris un brevet* ». Cet incubateur vaudra à Victor l'un des plus grands moments de sa vie lorsque Madame Orloff et lui souhaiteront en offrir un exemplaire aux enfants du Tsar Nicolas II. Leur proposition fut acceptée, et on les invita au Palais Impérial de Saint-Petersbourg pour en faire une démonstration :

« *De cette façon les enfants ont pu voir comment les poussins éclosent, brisent la coquille etc. On a également fait cadeau de 10 petits oisons et les enfants les soignaient eux-mêmes, leur préparaient la pâtée donnaient à boire etc.* ».

Quelque temps plus tard, Victor reçut en remerciement une spectaculaire montre en or aux armes du Tsar, gravée à son nom, un cadeau qui était réservé à ceux qui avaient particulièrement servi l'Empire, et que plusieurs français eurent la fierté de recevoir. Ce ne fut d'ailleurs pas la seule marque de reconnaissance de l'empereur dont Victor fut gratifié. En 1908, le Tsar lui décerna la croix de l'Ordre de Saint-Stanislas en récompense de ses services.

Montre en or aux armoiries du Tsar de Russie

La correspondance de Victor était, comme il se doit, principalement consacrée aux nouvelles de Sabadel, et bien entendu à celles de sa famille. La santé de ses parents était une préoccupation constante, particulièrement celle de sa mère qui déclina après la mort de son époux Jean-Pierre Bastide en 1906. Victor lui donnait de nombreux conseils de traitement, comme une recette reconstituante de boulettes de viande crue de mouton recommandée pour les personnes ayant la digestion difficile ! Ou encore cette recette pour son père trouvée dans une lettre de 1902 : « *Pour la salsepareille que j'avais achetée pour faire la tisane de Papa voici comment on la prépare. Proportion Eau 1 litre, salsepareille une poignée. Faire bouillir 10 minutes et ne pas sortir la salsepareille de l'eau ; c'est-à-dire laisser infuser toute la journée ; (prendre un bol chaud ou froid à volonté, trois fois par jour) après avoir croqué gros comme une lentille de camphre*

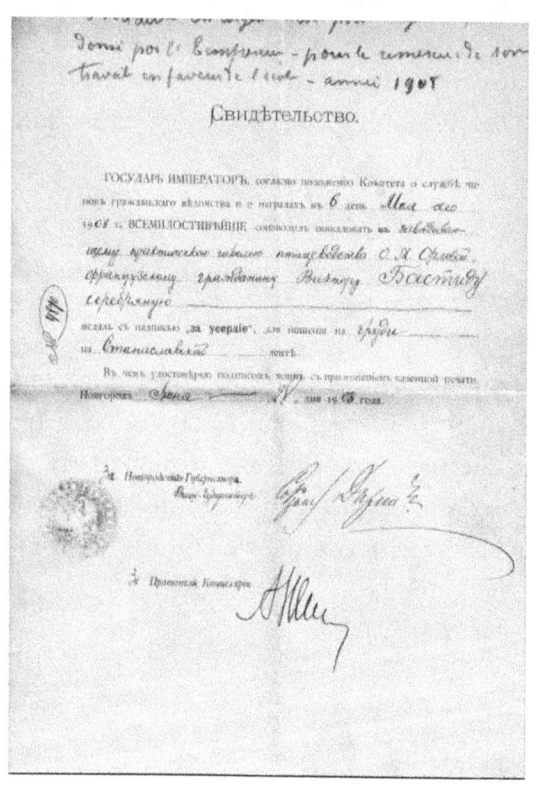

Certificat de la remise de décoration par le Tsar

Dans ces occasions, il annonça souvent envoyer de l'argent pour acheter les remèdes. Peut-être était-ce aussi un prétexte pour faire bénéficier sa famille de sa relative aisance, comme le font encore tous les émigrés d'aujourd'hui.

C'est en Russie qu'en 1906 Victor apprit la mort de son père âgé de 76 ans. Dans une lettre très émouvante qu'il a alors envoyée à ses parents, il recommande à sa mère de se garder en bonne santé jusqu'à son prochain voyage en France. En réalité, s'il semble certain qu'il a effectué plusieurs voyages pour visiter sa famille au début de son exil, il n'est pas sûr qu'il soit revenu à Sabadel après 1905. Il dut d'abord annuler un voyage à cause de sa charge de travail, puis de problèmes de santé, et enfin les bouleversements de sa vie provoqués par la Révolution de 1917 l'empêchèrent de mettre ses projets à exécution. Pourtant, vers la fin de sa vie, il semblait bien vouloir revenir s'établir dans son village natal, dans une maison dont il avait hérité. Il la loua pour qu'elle soit entretenue, mais n'eut pas ensuite l'occasion de venir s'y installer.

Au cours des 27 années qu'il vécut en Russie, Victor assista à des bouleversements politiques majeurs. Si la première Révolution russe de 1905 fut sans conséquences sur lui et son activité, la Révolution bolchevique de 1917 bouleversa sa vie et celle de ses bienfaiteurs. Aucune lettre de cette période n'a été retrouvée, et le premier courrier reçu en 1923 indique qu'il n'y eut pas d'échange avec sa famille au cours des 5 années précédentes. Sur le plan de ses opinions politiques, il va sans dire que Victor n'épousait pas les thèses révolutionnaires, et dès les premiers troubles de 1905, il écrivait à sa sœur : « *Comme tu le dis cette pauvre Russie est passablement éprouvée cette année. Guerre avec le Japon, troubles intérieurs causés par les Révolutionnaires, les juifs et tous les partisans du désordre, comme il y en a d'ailleurs beaucoup en France, et qui précisément profitent du moment de la guerre pour voir s'ils peuvent arriver à remplacer l'ordre par le désordre ; ils excitent les ouvriers à la grève, toujours dans les ateliers où on travaille pour l'armée de Mandchourie, arsenaux, on cherche à mettre en grève les ouvriers de chemin de fer pour empêcher d'expédier les munitions et les renforts. Beaucoup disent qu'il faut faire la paix à n'importe quel prix, parce qu'on ne pourra jamais vaincre, et si on faisait la paix pour pouvoir accuser ensuite l'Empereur, le gouvernement etc. d'avoir signé la honte, enfin tous les grands mots de Jaurès et Cie. Avant-hier on a tué le gouverneur de Moscou, le Grand Duc Serge – l'oncle et beau-frère de l'Empereur – ils vont bien nos progressistes. Enfin j'espère que tout cela s'arrangera mais il faut que l'empereur soit énergique autrement tout cela finirait mal* ».

La Révolution de 1917 bouleversa bien plus la vie de Victor qu'il ne voulut d'abord l'avouer à sa famille lorsqu'en 1923 il écrivait ? « *Chère sœur, je dois te dire que nous n'avons jamais quitté Orlofka et que, contrairement à ce que vous supposez, sans doute, nous n'avons pas eu de trop grosses difficultés, ni trop d'ennuis. Nous avons toujours continué notre travail habituel, c'est-à-dire : l'agriculture et l'aviculture. Jamais, au grand jamais, nous n'avons souffert ni de la faim, ni du froid ni de quoi que ce soit* ». Mais la Russie souffrit en ces temps là d'une terrible famine qui fit de nombreux morts, et le ton de Victor changea radicalement quelques mois plus tard. Il avait perdu toutes ses économies, alors que « *…en 1914 j'avais une cinquantaine de mille francs placés à la banque* ». Il ne pouvait plus payer son voyage pour venir visiter sa famille à Sabadel. En 1924, il exprime ses craintes que lui et Madame Orloff dussent quitter Borovenka. Le domaine n'appartenait alors plus à la famille Orloff, mais était exploité par l'entreprise d'état Prodexport depuis la Révolution [37]. Un an plus tard, toujours à Orlofka, il exprime succinctement que sa situation « *n'est pas brillante* ». C'est en janvier 1928, dans une lettre que madame Orloff écrivit à Gustave Bastide juste après la mort de son frère Victor, qu'on apprend la vérité sur la triste fin de cette histoire : « *Il y a deux ans que nous étions forcés de quitter Orlofka et seulement le dernier temps on lui a accordé la pension 20 roubles par mois. Mais je recevais autant et en vendant quelques objets nous pouvions* *vivre tranquelles* ».

Madame Orloff avait d'abord été expulsée d'Orlofka, puis Victor la rejoignit deux mois plus tard. Firmin, lui, était resté travailler à l'école. La comtesse et Victor vécurent alors dans une petite maison située près de la gare de Borovenka, où Victor entretenait un potager. C'est là qu'il mourut. Sa santé avait auparavant connu une première alerte très sérieuse en 1910, qui le tint alité pendant plusieurs semaines. Victime d'une pneumonie, son état était si grave que Monsieur et Madame Orloff firent venir pour le soigner deux professeurs de l'Académie de médecine de Saint-Pétersbourg, accompagnés d'une infirmière. Il se rétablit, mais garda sans doute des séquelles qui finirent par l'emporter d'une nouvelle pneumonie le 29 décembre 1927.

Dans ses lettres, Victor n'évoque jamais la nature précise de ses relations avec Olga Orloff, qui l'appelle « *Bastidou* » dans une de ses lettres. Elles furent au moins marquées par une grande affection. Dans la lettre qu'elle adressa à la famille de Victor après sa mort, Madame Orloff témoigna de cette affection pour lui, et décrivit la triste et émouvante cérémonie de ses obsèques :

« *Pour son enterrement on est allé à Leningrade[19] dans toutes les églises catholiques pour prier un curé de venir à Borovenka mais c'était impossible. Alors c'est notre prêtre russe qui priait bien pour lui et qui faisait les messes funèbres et qui l'a enterré. Monsieur Bastide était très aimé et très respecté à Borovenka, où il vivait 29 ans ; aussi quand on portait le sercueil de l'église au cimetierre, la prosession était arrêtée plusieurs fois par des personnes, qui priaient le prêtre de s'arrêter près de leur maison pour prier Dieu pour M. Bastide chez eux. Et on s'arretait presque à chaque maison. Maintenant c'est triste et si vide dans ma petite maison ; je n'ai plus aucun but dans la vie et je prie le bon Dieu de m'appeler aussi dans l'autre monde* ».

L'orthographe est certes un peu hésitante, mais ses lettres démontrent que Madame Orloff maîtrisait le français, comme c'était généralement le cas dans l'intelligentzia russe à cette époque. D'ailleurs, il faut mentionner pour l'anecdote que Madame Orloff avait passé quelques jours à Sabadel dans la maison de la famille Bastide. Cet événement a été relaté dans le *Journal du Lot* du 28 août 1910 :

« *La générale Orloff.* — *Nous apprenons que Mme la générale Orloff, femme du général russe de ce nom, arrivera en gare de Vers dimanche soir, par le train de sept heures. Une voiture la conduira immédiatement chez M. Bastide, maire de Sabadel par Lauzès, chez lequel elle vient passer quelques jours. Elle ira ensuite à Rocamadour, et de là elle se propose de visiter le gouffre de Réveillon, les grottes de Lacave et le fameux gouffre de Padirac* » [24].

---

[19] Saint Petersbourg fut rebaptisée Leningrad pendant la période soviétique.

ПРАКТИЧЕСКАЯ ШКОЛА
ПТИЦЕВОДСТВА
О. М. Орловой,
состоящ. въ вѣдѣн. Главнаго Управ. З. и З.

Ст. Боровёнка Ник. ж. д. Новгород. губ.

№

23/février _____ дня 1907 г.

Chère sœur,

J'ai appris par une lettre de Gustave, que l'influenza n'avait pas voulu quitter le pays sans venir te visiter un peu.

Par une lettre adressée à Firmin, j'ai été un peu rassuré à ton sujet, car on disait que tu allais beaucoup mieux.

Je te prie, chère sœur, de m'écrire au plus tôt quelques lignes pour que je sois enfin tout à fait tranquille et rassuré à ton sujet.

Extrait d'une lettre de 1907 que Victor Bastide adressait à sa sœur

L'affaire du Conseil de Fabrique

Après 1870 et jusqu'au début du 20e siècle, la vie politique, aussi bien nationale que locale, était particulièrement bouillonnante. La troisième république, née du désastre de la défaite impériale de 1870, établissait les fondements d'une démocratie moderne, non sans des débats enflammés et des luttes politiques particulièrement vives. Ces années furent en particulier marquées par une intensification de l'opposition entre les cléricaux et les républicains, qui déboucha en 1905 sur la loi de séparation des Églises et de l'État. Les résultats des élections de 1877 avaient conduit à la mise en place de « l'Ordre Républicain » qui menait une politique ultra-religieuse en opposition avec le rejet du cléricalisme des années précédentes [31]. En 1885, l'Eglise monta une violente campagne contre la laïcisation de la République [6]. Puis, alors que vers 1890 beaucoup d'hommes d'Église avaient accepté la réalité républicaine et s'y étaient ralliés, les Radicaux, anticléricaux véhéments, arrivèrent au pouvoir en 1899 [6].

Pourquoi évoquer ces affrontements entre cléricaux et républicains ici ? Parce que Sabadel n'échappa pas à cette ébullition, mais d'une manière particulièrement originale qui se traduisit à partir de 1899 par une invraisemblable affaire politico-religieuse que nous nommerons « l'Affaire du Conseil de Fabrique ».

Cette affaire trouve sans doute ses racines près de 40 ans plus tôt, lorsqu'en 1861, le préfet du Lot nomma Jean-Pierre Marin (dit Arsène) Bastide maire de Sabadel. A cette époque, le Chef de l'État et les préfets avaient le pouvoir de nommer les maires, en les choisissant éventuellement hors du Conseil Municipal élu. Cet encadrement politique permettait bien entendu de contrôler la mise en œuvre de la politique du second empire au niveau local [31]. La famille Bastide était alors depuis longtemps à la mairie de Sabadel, puisque le père de Jean-Pierre Marin, Jean-Pierre Benoît Bastide, était maire depuis 1835, avec une seule interruption en 1847-1848, à la veille de la Révolution bonapartiste qui le remit en place. Pendant ces deux ans, c'était Jean-Louis Rives (fils de Gaspard) qui avait officié. La nomination de Jean-Pierre Marin Bastide fut renouvelée en 1865 et 1874. A partir de 1876, les communes qui n'étaient pas chef lieu de canton élurent elles-mêmes leur maire. En 1882 une nouvelle loi électorale permit à toutes les communes de choisir librement leur maire, dont le pouvoir fut renforcé par une série de lois votées entre 1882 et 1884 [31, 17]. Durant toute cette période, Jean-Pierre Bastide et son adjoint Jozyme Magot ont été reconduits dans leurs fonctions. Il n'est sans doute pas indifférent de noter que cette période fut aussi marquée par la place de plus en plus grande prise par la politique dans les villages, surtout pour soutenir des rivalités personnelles [6].

En 1892, après 31 ans de mandat, les élections municipales ne donnèrent pas à Jean-Pierre Bastide la majorité qu'il souhaitait. Bien qu'élu maire à l'unanimité de son conseil, il refusa d'administrer sa commune avec une majorité républicaine, et déclina par conséquent sa réélection. Eugène Delsahut, qui ne s'était auparavant jamais mêlé de politique, fut alors élu maire, siège qu'il occupa 4 ans jusqu'aux élections de 1896. Il réconcilia les élus, et donna en particulier à Sabadel sa nouvelle école communale.

La suite nous est racontée dans une très longue série d'articles parus entre 1901 et 1904 dans le *Journal du Lot* [24], qui se voulait à cette époque la voix officielle du Parti Radical (républicain) dans le département[20]. La relation des faits est évidemment partisane, et doit être lue avec tout le recul nécessaire. On imagine d'ailleurs mal aujourd'hui ce que pouvait être la violence des attaques personnelles menées à travers ces articles, écrits sous couvert d'anonymat. Certains de ces textes sont toutefois signés *Lassagne*, pseudonyme derrière lequel se cachait très certainement un correspondant du journal habitant Sabadel ou, peut-être, Lauzès (il n'y avait pas d'habitant nommé Lassagne à Sabadel ou Lauzès à cette époque, c'était donc bien un pseudonyme). Il n'en reste pas moins que les événements relatés constituent une extraordinaire histoire de clocher (au sens propre !) qui remonta jusqu'à la capitale !

Vers 1895, un nouveau personnage était apparu dans la vie politique de Sabadel. Louis Massip, né en 1852, était originaire de Saint-Martin-Labouval dont il avait été élu conseiller municipal républicain. Selon le *Journal du Lot*, « *les plus avisés* (de Saint-Martin-Labouval) *ne furent pas longtemps à s'apercevoir qu'ils avaient introduit le loup dans la bergerie* ». Il entra rapidement en conflit avec le maire républicain, et ne fut pas réélu au renouvellement du conseil municipal de Saint-Martin. Neveu du maire Bastide, il vint s'installer à Sabadel dans la maison des descendants de Gaspard Rives, auxquels il était apparenté par son mariage. Au moment des élections municipales de 1896, il offrit de se mettre à la tête du parti républicain de Sabadel, qui déclina son offre. Il se porta alors à la tête de la liste concurrente qualifiée de « bonapartiste et réactionnaire » par ses opposants. Six républicains et six réactionnaires irréconciliables furent élus, et le conseil municipal n'avait alors pas de majorité claire. Jean-Pierre Bastide, qui avait refusé son élection à l'unanimité 4 ans plus tôt, fut cette fois élu maire… au bénéfice de l'âge. Se forma alors un trio qui sera la cible de toutes les attaques de leurs adversaires républicains : Jean-Pierre Bastide, maire, Louis Massip adjoint, et Jean-Louis Blanc conseiller.

---

[20] Les articles peuvent être consultés sur le site internet des Archives départementales du Lot. Ils ont été publiés aux dates suivantes : 1901 : 5 janvier ; 15 juin ; 12, 19 et 26 octobre ; 2 novembre. 1902 : 8 février ; 24 et 31 mai ; 7, 14, 21 et 28 juin ; 5, 12, 19 et 26 juillet ; 2, 9, 23 et 28 août ; 6 et 13 septembre. 1903 : 21 mars. 1904 : 10, 17, 24, 27 et 29 avril.

Louis Massip, catholique fervent, rechercha le soutien du curé Bouygues, dont il souhaitait qu'il porte en chaire chaque dimanche la bonne parole du maire et de son adjoint. Mais celui-ci se désolidarisa de cette équipe, arguant qu'il ne se mêlait pas de politique. Cette position était paradoxale dans ces temps agités : les familles des trois personnages puissants de la commune affichaient leurs convictions religieuses, et comptaient des nonnes ou des curés parmi leurs proches parents. La position de l'abbé Bouygues, qui soutint plutôt les républicains, eut des répercussions considérables sur la suite des événements. Victor Bastide, le fils du maire de Sabadel émigré en Russie, y fait allusion dans une lettre qu'il écrivit à sa sœur en avril 1902 : « *Je suis heureux que le curé fasse des siennes, au moins cela procure des distractions à la commune, et il travaille pour le ciel puisqu'il convertit les socialistes et les libres penseurs. Dieu lui pardonnera peut-être ainsi une partie de ses fredaines. C'est égal, je m'étonne qu'on ne puisse pas trouver le moyen de le faire déguerpir ce particulier là* ». Ecrits prémonitoires !

En août 1899, Jean-François Bastide, frère et autre adjoint du maire Jean-Pierre Bastide, décéda. Ce décès provoqua une élection partielle. Battu, le maire démissionna une nouvelle fois ! Le 30 septembre, Eugène Delsahut fut à nouveau élu maire. Son mandat ne devait durer que 6 mois, de nouvelles élections municipales étant prévues en mai 1900.

C'est alors que la Fabrique cristallisa les rancœurs. A cette époque précédant la loi de séparation des Églises et de l'État, la Fabrique, au sein d'une communauté paroissiale catholique, « désigne un ensemble de « décideurs » (clercs et laïcs) nommés pour assurer la responsabilité de la collecte et l'administration des fonds et revenus nécessaires à la construction puis l'entretien des édifices religieux et du mobilier de la paroisse : églises, chapelles, calvaires, argenterie, luminaires, ornements, etc. Les membres du conseil de fabrique sont des administrateurs désignés plus spécifiquement par les termes de marguilliers ou de fabriciens. Les revenus de la fabrique provenaient des quêtes, offrandes, dons en nature, loyers et fermages, legs mais aussi de la location, par les notables de la communauté, des places de bancs dans l'église qui fournissaient un revenu régulier (bien souvent perçu annuellement à date fixe) pour la Fabrique » [38].

Quelques mois après les élections municipales partielles et le retour aux affaires d'Eugène Delsahut, le 22 avril 1900, dimanche du Quasimodo, devait avoir lieu selon la tradition l'élection de 3 des 7 membres du Conseil de Fabrique. Cette élection intervenant dans la courte période où Jean-Pierre Bastide n'était pas maire risquait de faire perdre la mainmise de la famille Bastide sur cette assemblée, d'autant plus que le maire Eugène Delsahut et le curé y siégeaient de droit. Le *Journal du Lot* du 19 octobre 1901 relate ainsi cet épisode : « *Par un hasard providentiel (...) les comptes de la fabrique ne sont pas prêts pour ce jour-là et il faut forcément s'ajourner. Un membre, le curé probablement, fait remarquer qu'il faut remplacer les conseillers sortants, la loi est formelle. La loi, allons donc ! deux conseillers se lèvent et disent en partant qu'on fera le tout ensemble. Et le tour est joué* ». Ainsi, on ne modifia pas la composition du Conseil de Fabrique avant les nouvelles élections municipales.

On en arrive donc aux élections de mai 1900, à l'occasion desquelles Louis Massip se débarrassa définitivement de son étiquette républicaine. Sept conservateurs furent élus face à 5 républicains. Bastide fut à nouveau élu maire et Massip[21] adjoint. Cette nouvelle municipalité décida rapidement de chasser deux opposants potentiels du bureau de bienfaisance de la commune : le curé pour son refus de soutien, et l'instituteur républicain Vidal. On put ensuite réunir le 1er juillet le Conseil de Fabrique et procéder à l'élection : le résultat donna une assemblée composée de 4 membres de la famille du maire, deux de ses amis, et le curé Bouygues, membre de droit. Le *Journal du Lot* écrivit : « *Selon les prévisions de ces MM. le 1er juillet 1900 jour de la nouvelle réunion* (du Conseil de Fabrique)*, M. Delsahut n'est plus maire, il ne fait plus partie du conseil de fabrique : M. Bastide l'a remplacé partout* ».

Deux plaintes furent adressées au ministre des cultes, l'une pour le non respect de la procédure de l'élection des fabriciens, l'autre semble t-il pour des malversations liées à des travaux sur la toiture de l'église. Le 8 juin 1901, en réponse à ces plaintes, le Président du Conseil et ministre de l'Intérieur et des cultes Pierre Waldeck-Rousseau prononça la dissolution du Conseil de Fabrique de Sabadel. Un mois plus tard, le préfet du Lot et l'évêque nommèrent 5 républicains membres du nouveau conseil, parmi lesquels figurait Eugène Delsahut. Le Conseil d'État rejeta en mars 1903 la requête en annulation de la dissolution qui avait été interjetée par Jean-Louis Blanc, trésorier de la Fabrique depuis 25 ans. C'est ainsi sans doute la seule fois dans l'histoire qu'on statua spécifiquement dans une affaire concernant Sabadel au sein du gouvernement et des plus hautes institutions de la République !

Les choses auraient pu se limiter à cela, mais entre temps, la « lutte contre le curé » s'était intensifiée. Bien que celui-ci soit soutenu par son évêque, cette guerre prit des proportions qui conduisirent à des troubles lors des offices avec intervention des

---

[21] C'est Louis Massip qui participa au grand banquet républicain des maires du 22 septembre 1900 présidé par le Président de la République Emile Loubet, qui réunit 20 777 maires à Paris. Il reçut ainsi la médaille commémorative gravée au nom de « L. Massip, Sabadel Lauzès ». Jean-Pierre Bastide avait probablement renoncé à faire le déplacement en raison de son âge ; il avait 70 ans en 1900.

gendarmes, et même la mise à la retraite d'office du Maréchal des Logis de la gendarmerie. Mais début 1902, la municipalité n'avait pas réussi à obtenir de l'évêché le remplacement du curé. C'est alors que l'inimaginable se produisit : le 31 janvier 1902, le maire et son adjoint accueillirent solennellement à Sabadel des pasteurs protestants, qui vinrent prêcher 3 jours dans la maison de Louis Massip (la « maison Rives »). La première conférence réunit 80 personnes, et jusqu'à 150 personnes auraient assisté à des prêches ultérieurs ! Dans une lettre publiée dans le *Journal du Lot* du 7 juin 1902 à propos de ces événements, un certain Cléri Cal (encore un pseudonyme !) écrivit : « *Permettez-moi, Monsieur le Directeur, de mettre en doute ces prétendues affirmations. M. Bastide a son frère curé dans une commune voisine, M. Massip a tout récemment fait le pèlerinage de Lourdes. Quant à M. Blanc, auquel on semble aussi faire allusion, il a dû rapporter de Rome l'horreur du protestantisme* ». Il n'empêche. Plusieurs offices protestants réunissant plus de 80 participants en moyenne se tinrent entre le 31 janvier et le 15 avril 1902. Les pasteurs envisagèrent alors une implantation durable à Sabadel. L'édification d'un temple protestant en face de l'église fut même évoquée. Monsieur Pégourié, propriétaire de la caserne et parent de Louis Massip, offrit lui aussi ses services pour mettre sa propriété à disposition, alors que la décision de transférer la gendarmerie à Lauzès venait d'être prise.

Dans une lettre publiée par le journal *La Réforme* le 21 juin 1902 (citée dans [24]), le pasteur Lambert de Lamothe-Fénelon confirme qu'il avait passé un bail avec Sully Carrières pour louer une salle de culte pendant un an. Mais il y écrit aussi « *Pourquoi avons-nous suspendu ? Ceux qui nous ont appelés doivent bien en savoir quelque chose. Un journal à propos de cette affaire a parlé de girouettes. Les girouettes ce ne sont pas les pasteurs protestants* ».

Ce que le *Journal du Lot* a qualifié de « comédie » dura donc 5 ou 6 mois. Les pasteurs ne revinrent plus à Sabadel après la fin du mois de mai 1902. L'évêque s'alarma et les curés de la région le convainquirent de déplacer le curé Bouygues, qui résista mais fut finalement contraint au départ après 11 ans passés à Sabadel. Le curé Puel, qui le remplaça et officia jusqu'en janvier 1920, n'entama pas son sacerdoce dans une commune paisible, si l'on en croit cette information publiée par le *Journal du Lot* le 5 janvier 1906 : « *Dimanche dernier, M. le curé de Sabadel, venant de dire la messe, se disposait à rentrer chez lui. Arrivé à la porte du presbytère, il s'aperçut que la porte d'entrée était couverte d'une couche de peinture ayant une drôle d'odeur. Il serait à désirer que le ou les coupables eussent été pris la main dans le... baquet* ».

Malgré ces fortes turbulences, la même équipe municipale fut reconduite lors des élections municipales de 1904. Jean-Pierre Bastide décéda en juillet 1906, après 45 ans passés à la tête de la commune. Les républicains ne présentèrent pas de candidat

Maires		Curés	
Avant 1789	Gaspard Rives, 1er consul	1771	Louis Pégourié
1790	Gaspard Rives		
1814	Jean-Louis Rives	1803	Séguy
1835	Jean-Pierre Benoît Bastide	1828	Jean-Baptiste Saurel
1846	Jean-Louis Rives		
1848	Jean-Pierre Benoît Bastide		
1861	Jean-Pierre Marin Bastide	1855	Charles-Christophe Dégas
		1891	Pierre Bouygues
1892	Eugène Delsahut		
1896	Jean-Pierre Bastide		
1899	Eugène Delsahut		
1900	Jean-Pierre Bastide		
1906	Gustave Bastide	1902	Jean Puel
1929	Alithe Rouchayroles	1921	Louis Pouget
1947	Jules Delsériès		
1959	Elie Blanc		
1971	Camille Caussanel	1963	Rattachement à Saint-Cernin

Maires et curés de Sabadel de 1789 à 1989

pour l'élection du mois de juillet suivant, et c'est le fils du maire décédé, Gustave Bastide, qui lui succéda et fut reconduit à la mairie jusqu'en 1929. Néanmoins, les opposants se constituèrent en Comité Républicain Radical en janvier 1904. Ce comité fut d'abord présidé par Henri Baras de Roc-Pounchut, puis par Vincent Saillens en 1907.

L'histoire des conseils de Fabrique s'acheva en 1905 avec le vote de la loi de séparation des Églises et de l'État. Un épisode supplémentaire de cette effervescence politico-religieuse agita probablement encore la vie des sabadellois sans que l'on ait toutefois de témoignage précis. En 1906, l'État demanda que soit réalisé un inventaire complet des biens de l'Eglise tels qu'objets de culte, ornements, tableaux, statues, etc. [6]. Les catholiques tentèrent de s'y opposer, craignant un accaparement de ces richesses par l'État républicain et laïque, ce qui n'advint évidemment pas. Des troubles plus ou moins graves agitèrent tout le pays, avec des blocages, des échauffourées, et même quelques morts. Ces troubles ont été peu importants dans le Lot, et on ne sait comment s'est passé cette opération à Sabadel. Mais il se trouve que c'est Emile Lauriac, gendre de Louis Massip, qui fut chargé de cet inventaire pour les paroisses du canton de Lauzès. On raconte qu'alors qu'il passait un porche à Saint-Martin-de-Vers, une faux tomba devant lui, passant à quelques centimètres de son visage. S'agissait-il seulement d'un accident ?

Au-delà des faits inimaginables liés à l'affaire de la Fabrique, cette histoire illustre les conséquences de la lutte que se menaient dans le pays les républicains et les conservateurs, parfois qualifiés par leurs adversaires de réactionnaires, monarchistes, bonapartistes et cléricaux. A Sabadel, cette lutte eut des conséquences sur d'autres événements importants pour la commune, comme la construction de l'école et le départ de la gendarmerie. Mais il est aussi probable qu'elle eut des effets durables sur la qualité des relations entre certaines familles sabadelloises et sur les rapports quotidiens entre les habitants. Nous n'en avons pas trouvé de témoignage.

La gendarmerie de Sabadel

C'est en août 1850 que le conseil municipal de Sabadel fut informé par le préfet du Lot de la volonté du département de transférer la caserne de gendarmerie de Dantonet (commune de Lentillac) à Sabadel [29]. La principale raison de ce déplacement était que la route départementale N°13 en cours de construction « *touche presque le bourg* ». D'autres arguments plaidaient pour Sabadel. Le village était le point central du canton, avait de l'eau en abondance, et de belles prairies pour le fourrage nécessaire à une brigade à cheval. Comme la construction de la route départementale n'était pas encore terminée, l'emplacement de la caserne fut choisi sur l'un des principaux chemins desservant Sabadel, en surplomb de la Sagne, non loin du centre du Bourg. C'est monsieur Pégourié, un particulier aisé de Sabadel qui dès 1850 avait proposé une « belle maison » qu'il possédait, et qui finança les travaux nécessaires. Il resta propriétaire du bâtiment, qui fut achevé en 1852, et le loua pour un bail annuel qui était de 900 F en 1879 [24]. Outre les logements des gendarmes et les espaces destinés aux chevaux, on sait que la caserne était pourvue d'une « chambre de sureté » dans laquelle est décédé le 5 mars 1890 un forgeron de Sauliac âgé de 46 ans [5]. Ni la cause du décès ni la raison de l'incarcération n'ont été précisées.

La caserne

Cinquante ans plus tard, alors que sur la demande de M. Pégourié le Conseil municipal avait pris une délibération en faveur du maintien de la caserne de gendarmerie à Sabadel, c'est dans une séance du 7 avril 1902 que le Conseil Général du Lot a approuvé le transfert de la gendarmerie de Sabadel à Lauzès, alors que l'autorité militaire avait émis un rapport favorable à ce déplacement. Nous sommes alors en pleine affaire du Conseil de Fabrique, et les républicains sont furieux, accusant même leurs adversaires d'avoir voulu libérer ce bâtiment pour y installer le temple protestant [24]. Il semble plutôt que ce soit l'autorité militaire qui s'émut du climat politique qui régnait alors dans la commune qui les hébergeait. Les interventions nécessaires des gendarmes pour mettre fin à des troubles occasionnés lors d'offices religieux ne devaient guère plaire à la hiérarchie de la gendarmerie, pas plus que les procès-verbaux dressés par le Maréchal des Logis Ferrié qui provoquèrent sa brouille avec l'équipe municipale [24]. Celui-ci fut d'ailleurs contraint de quitter son poste et de prendre sa retraite, alors qu'il avait reçu peu de temps auparavant la médaille militaire pour ses bons états de service. Il n'est pas exclu que le Président du Conseil et Ministre de l'Intérieur qui avait dû dissoudre le Conseil de Fabrique du village ait lui aussi pris sa part dans cette décision.

Le transfert des gendarmes dut cependant attendre un peu, car les travaux de la nouvelle caserne de Lauzès prirent du retard. Elle aurait dû être livrée le 1er juin 1903, mais en 1904, « *Sommation a été faite par ministère d'huissier au dit Escudié, entrepreneur, d'avoir à terminer avant le 28 février dernier délai, les travaux de la Caserne de gendarmerie. Passé ce délai, ils seraient exécutés en régie, et de plus l'entrepreneur aura à sa charge les frais de location de la caserne de Sabadel* » [24]. Ainsi s'achevait l'histoire de la gendarmerie de Sabadel, qui avait duré 52 ans.

Le bâtiment lui-même, qui était toujours une propriété privée, resta vacant à certaines périodes, comme en 1931 où une séance du Conseil Départemental vota une provision pour le racheter et en faire un préventorium. On comptait y héberger des enfants pour les soustraire à la tuberculose par contagion familiale. Un comité fut même créé pour faire appel à des dons, mais le projet fut finalement abandonné. La caserne fut vendue en 1938 à un couple d'artistes peintres anglais, puis changea plusieurs fois de propriétaire. Plusieurs instituteurs de Sabadel, dont les époux Capoulade, puis Yvonne Sindou, y furent locataires [30].

Les sabadellois face à la loi

Pendant un demi-siècle, les 4 gendarmes de Sabadel et leur brigadier eurent rarement à traiter d'affaires criminelles, mais ils durent faire régner l'ordre et respecter la loi dans le canton. Du moins tentèrent-ils de le faire, car il semble que pour les habitants de Sabadel, contourner ou enfreindre la loi fut à cette époque une habitude. On trouve en effet la trace d'une multitude de petites affaires dans les journaux, qui publiaient à peu près tout ce dont ils avaient connaissance par leurs correspondants. Le *name and shame*[22] qui devient à la mode de nos jours existait déjà à la fin du 19e siècle ! Bien entendu, les délinquants du canton ne furent pas seulement sabadellois, mais l'examen des faits concernant ceux-ci donne une idée de ce qu'était la mission de gendarmerie dans un canton rural des Causses à cette époque. Même s'il s'agissait la plupart du temps d'actes qu'on qualifierait aujourd'hui de petite délinquance, quelques affaires plus sérieuses marquèrent la vie de Sabadel.

Coups et meurtres

Un beau dimanche du mois d'avril 1887, on jouait aux quilles à Sabadel. Un petit groupe était rassemblé sur la place du rampeau et devisait tranquillement. Tout à coup, le ton monta entre deux joueurs à propos d'une mise d'un sou. Puis la dispute s'envenima, on commença à se bousculer, à s'injurier. Le jeune Isidore E., âgé de 18 ans et cultivateur à Lacapelette, s'empara d'une grosse boule de bois du jeu de quille et la lança à la tête de son adversaire. Il n'était pas maladroit : le dénommé H. s'écroula sans connaissance, perdant abondamment son sang. Les gendarmes intervinrent et interpelèrent E. Quant à la victime, ramenée chez elle, elle succomba le soir même à sa blessure. La justice étant rapide en ce temps là, E. fut jugé un mois plus tard au tribunal correctionnel de Cahors. Il fut condamné à 15 jours de prison et aux frais de justice. La même peine que celle que recevront un mois plus tard deux frères de Cahors pour… vol de choux ! [24].

A la fin du mois d'août 1900, le jeune boulanger de Lauzès Courtiol et un de ses voisins, se rendirent à Sabadel chez D., cultivateur au Pech de Naudy, pour charger de la paille dans leur charrette. Cette paille devait rembourser une somme que D. devait à Courtiol. D. refusa de livrer la paille, et une vive discussion s'engagea, au cours de laquelle D. asséna un coup de couteau dans le dos du boulanger. Ce n'est

---

[22] Dénoncer pour faire honte

que grâce à l'intervention du voisin qu'un seul coup fut donné, car D. semblait bien décidé à achever son adversaire. Au procès tenu fin septembre, le maire Bastide de Sabadel témoigna de l'habituelle mauvaise conduite de D., bien que celui-ci ait exprimé ses regrets d'avoir infligé cette grave blessure au boulanger. Il fut condamné à 1 mois de prison. [24].

On peut s'étonner aujourd'hui de la légèreté de ces peines pour des actes violents qui nous semblent d'une gravité extrême. Peut-être reflètent-elles le climat de l'époque dans les campagnes, où la violence était sans doute plus banale et considérée comme plus acceptable que de nos jours. Dire que le préfet Delpon trouvait en 1830 les sabadellois « doux et sociables » ! Qu'en était-il ailleurs ?!

Vols et cambriolages

Les vols de produits agricoles ont été nombreux à Sabadel dans les années 1890-1900. « *Trois gerbes d'avoine ont été volées au sieur Magot, propriétaire à Sabadel, dans la nuit du 1er au 2 courant. La gendarmerie prévenue a ouvert une enquête qui a amené la découverte du coupable, le nommé M., du même lieu* », en 1893 [24]. Vol de bois en 1893 aussi, Justine B. est condamnée à 2 francs d'amende ; vol de couvertures à couvrir les bœufs en 1894, J. est condamné à 20 jours de prison [24]. Ces petits larcins sont les marqueurs de la difficulté de la vie pour certains en ces temps-là. Et les peines infligées semblent quelque peu manquer de cohérence !

Certains voleurs étaient plus ambitieux que d'autres. Une nuit d'août 1903, deux brebis furent volées à la Grésette, sur la commune de Cabrerets, et deux agnelles disparurent à Sabadel. Laborie, le fermier de Cabrerets à qui on avait volé ses bêtes, se rendit à la foire de Gourdon, où il eut la chance de retrouver ses brebis, qui venaient d'être achetées par un boucher de Souillac à Baptiste S. de Sabadel, âgé de 34 ans et fermier au Pech de Moles. Il écopa de 4 mois de prison [24].

Braconnage et trafics

Le contournement de la loi semble avoir été l'exercice préféré de certains sabadellois à la fin du 19e siècle (mais sans doute aussi bien plus tard !), avec pour eux des conséquences parfois sévères. La contrebande du tabac était courante, bien que sévèrement réprimée. En 1888, Etienne M. de Sabadel, âgé de quatre-vingts ans, est condamné à 300 francs d'amende pour contrebande de tabac à priser ; en 1894, le dénommé C. est condamné par défaut à 200 francs d'amende, pour fabrication de tabac de contrebande ; en 1898, les gendarmes retrouvent 10 kg de tabac de contrebande au domicile de Victor M., cultivateur au « Mas del Saltré », on lui inflige une amende de 100 francs. ; en 1899, le nommé Jean-Pierre C., âgé de 33 ans, cultivateur au Traversou, est trouvé détenteur de 600 grammes de tabac en feuilles et se voit infliger 300 francs d'amende [24]. Ces amendes représentaient des sommes considérables pour l'époque, mais n'empêchaient pas la récidive. On peut en conclure que la contrebande de tabac devait être particulièrement lucrative.

Les cabaretiers aussi jouaient avec la loi. Ainsi Antonin F., âgé de 75 ans en 1899, limonadier dans le bourg de Sabadel, avait introduit dans son débit de boisson 238 litres de vin non déclaré. Il a été condamné à une amende et son vin a été saisi. [24]. Les gendarmes surveillaient à cette époque de très près les débits de boisson, qu'on rendait responsables de toutes les dépravations des habitants des campagnes. De nombreux cas de fermeture trop tardive arrivèrent devant le tribunal de simple police, où les tenanciers mais aussi leurs clients furent condamnés à des amendes.

C'est aussi en 1899 que les gendarmes de Sabadel arrêtèrent deux individus coupables de s'être livrés au trafic d'allumettes, dont le commerce était aussi réglementé que celui du tabac. Les Contributions Indirectes les firent condamner à de fortes amendes. Le journaliste rapportant cette histoire mentionne à cette occasion avec humour qu'au moins ces allumettes-là s'enflammaient quand on les frottait ! [24]

La chasse en période de fermeture ou le piégeage illégal de petit gibier furent aussi souvent réprimés. En 1911, les journaux locaux ont rapporté cette triste affaire : « *Ernest B... de Sabadel, 26 ans, a été surpris par les gendarmes au moment où, à proximité de la maison de ses parents, il tendait des pièges à grives. Ce jeune homme est un idiot irresponsable. Son père Denis B..., un très honorable propriétaire de Sabadel, a très mal reçu, à cette occasion, les gendarmes qui verbalisaient : il est poursuivi pour outrages. Après plaidoirie de Me Lacaze, le Tribunal acquitte le fils et condamne le père à 25 fr. d'amende (sursis)* » [24].

Mais les gendarmes eux-mêmes avaient leurs propres problèmes ! Citons cette amusante annonce passée dans le Journal du Lot en août 1875 : « *Trollat, brigadier de gendarmerie à Sabadel (Lot), fait connaître au public, de ne point prêter aucune somme d'argent ni faire crédit à son fils Adolphe, âgé de 17 ans* ». C'était peut-être une habitude de passer de telles annonces, puisqu'en 1898, on trouvait dans le même périodique : « *M. P., de Sabadel, canton de Lauzès, prévient le public, qu'à dater de jour il ne payera plus les dettes que pourrait contracter Mme veuve P., sa mère* ».

Une vie paysanne qui évolue lentement

Après la fin de la guerre de 1870, Sabadel est encore un village vivant presque exclusivement de l'agriculture : 70% des habitants vivent au sein de familles d'agriculteurs. Beaucoup d'artisans ont des activités de service agricole, comme les sabotiers, charrons, forgerons ou ceux des métiers de la construction. Si on ajoute à cette population les nombreuses veuves et leurs enfants, et 10% de personnes se déclarant sans profession, il reste assez peu de place pour d'autres métiers.

L'événement le plus lourd de conséquences pour l'agriculture du Lot à cette époque est l'apparition du phylloxéra, qui provoquera la perte de 50% du vignoble du département [23]. Il y avait à cette époque de nombreuses petites vignes à Sabadel, mais faute de voies de communication pour pouvoir exporter, elles étaient destinées principalement à la production de vin pour la consommation domestique. Même si ces vignes ont été atteintes, il est peu probable que leur perte ait eu des répercussions considérables sur l'agriculture sabadelloise. Toutefois, on raconte qu'à Pech Mayrès, non loin de Sabadel sur la commune de Cabrerets, une vigne importante qui avait été plantée à cette époque fut entièrement détruite par le phylloxéra deux ans plus tard. Au début du 20e siècle, deux énormes cuves subsistaient dans la propriété, dont la taille était sans rapport avec la production du petit vignoble de 1900, et témoignait de l'ambition ruinée de l'agriculteur une trentaine d'années plus tôt [15]. A cause d'un type d'agriculture qui restait essentiellement de subsistance, il est également probable que les paysans de Sabadel aient été modérément atteints par la dépression agricole qui secoua l'agriculture française dans les années 1870-1900 [17]. La vie en quasi autarcie a dans ces cas-là un réel avantage.

Dans les années 1870, les cultures industrielles de lin et de chanvre régressèrent, et en 1886-1887 l'industrie drapière de Cahors fit faillite. Pour tenter de maintenir ces cultures de rapport, elles furent subventionnées dans le département à partir des années 1890, ce qui explique sans doute pourquoi on cultivait encore un peu de chanvre à Sabadel en 1897. On en a la preuve par l'acte qui fait état de la vente « d'un entier article de terre chènevière sis dans le bourg de Sabadel » qui a été évoqué page 28. Les installations de filage de la carderie au bord du Vers continueront néanmoins à fonctionner jusqu'aux années 1920 grâce à la production de laine [15, 39]. Mais à la veille de la première guerre mondiale on ne cultive plus le chanvre que sur une quarantaine d'hectares dans le Lot. Depuis longtemps, c'est le tabac, avec plus de 20 000 hectares de culture au début du 20e siècle, qui a pris le relais comme culture de rapport. C'est en particulier avec ce type de culture que le poids de l'administration dans la vie paysanne commence alors à se faire plus fortement sentir. Chaque année, les dates de déclaration de plantation de tabac et de livraison de la production au magasin de Cahors sont fixées par l'administration et doivent être absolument respectées. Par exemple, en 1886 les cultivateurs de Sabadel devaient faire leur déclaration à la mairie le 25 octobre entre 10 heures et 16 heures pour leurs cultures de l'année 1887 [24]. On leur recommandait fermement de respecter ces horaires ! Un contrôleur des tabacs était nommé par le préfet du département. C'est Louis Massip qui le fut à Sabadel en 1898, ce qui lui valut de violentes attaques de ses adversaires politiques l'accusant d'incompétence et d'un excès d'ambition [24]. C'est dans ces années là également que la réglementation des bouilleurs de cru fut modifiée. Le privilège de produire de l'eau de vie par distillation initialement accordé par Napoléon à ses grognards fut conservé et resta héréditaire, mais au lieu que la déclaration de production soit faite chez les débitants, qui payaient les taxes et les répercutaient sur leurs consommateurs, c'est le bouilleur de cru lui-même qui subit dorénavant ces obligations. De quoi susciter quelques grognements dans les campagnes où ce sujet était sensible (*Journal du Lot* - 19 octobre 1886 [24]).

Avant 1914, une famille rurale lotoise de 3 ou 4 personnes ne gagnait pas plus sur son domaine que le salaire d'un facteur ou un cantonnier [1]. Malgré quelques améliorations de la vie des paysans, et l'habitude de subvenir à ses propres besoins par le fruit de son travail, les revenus de l'agriculture ne permettaient qu'une vie modeste. Le travail de la terre restait rude car les techniques n'évoluaient guère. Alors que les premières machines agricoles, faucheuses, moissonneuses et batteuses, étaient apparues dans le nord de la France à partir de 1870, ici on n'avait pas encore adopté la faux et la charrue [23]. Cependant, au tournant du siècle, certains se montrèrent précurseurs de la modernité en s'essayant à de nouvelles pratiques. Alithe Rouchayroles était un propriétaire-cultivateur plutôt aisé avec une propriété de 10 hectares et ses deux paires de bœufs. En 1908, il a proposé à la Société d'Agriculture du Lot son compte-rendu d'essais d'engrais chimiques sur diverses cultures. Son travail avait été auparavant distingué par la médaille de bronze de l'Association Nationale des Agriculteurs de France en 1907, et lui permit de devenir membre de la Société d'Agriculture du Lot en 1909. Cette même société avait aussi décerné une récompense à M. Espéret, et Henri Barras avait été nommé officier du Mérite Agricole [24]. Ainsi apparurent les premiers frémissements de la modernisation de l'agriculture à Sabadel.

On arrive difficilement aujourd'hui à concevoir à quel point toute activité était encore à cette époque tributaire de très longues marches à pied. Lorsque les routes ouvrirent les campagnes, des agriculteurs pouvaient aller très loin vendre leur petite production. On raconte par exemple qu'au début du 20ᵉ siècle, Sully Delsériès allait à pied avec son père conduire les bestiaux aux foires de Cajarc, Assier, Gramat... [30].

C'est aussi au début du 20ᵉ siècle que s'engagea une campagne qui allait de nouveau modifier le paysage des Causses et de Sabadel. En 1912, un comité de reboisement fut constitué sous l'égide des députés et sénateurs, présidé par un avocat de Saint-Martin-Labouval. C'est Gustave Bastide, alors maire de Sabadel, qui y représenta le canton de Lauzès. Petit à petit, Sabadel allait retrouver son paysage boisé d'avant la Révolution.

La Sagne et le lavoir, construit après 1900

Artisanat et commerces au tournant du siècle

Les artisans et commerçants de Sabadel dans la période 1870-1914 sont plus nombreux que ceux de la période précédente, et leurs activités plus diversifiées. On peut les répartir en quatre groupes. Il y a ceux qui viennent en support de l'activité agricole, charron, forgeron, meunier, tonnelier et même voituriers ; les commerces alimentaires avec les épiciers ; les spécialistes de la construction, charpentiers, maçons ; et enfin les spécialistes du vêtement, sabotiers, cordonniers, marchands de tissus, tailleurs… Avant d'entrer dans le détail de chacun de ces groupes, commençons par évoquer l'horloger, constituant à lui seul un cas à part probablement assez exceptionnel dans un petit village des Causses.

Jean-Louis Blanc, horloger

Fils d'agriculteur, Jean-Louis Blanc était né à Sabadel en 1844. En 1871, il s'installe au Roucan comme horloger-bijoutier. On ignore comment et où il a pu apprendre ce métier. Son activité incluait la réparation et la vente des montres et horloges, ainsi que la vente d'orfèvrerie Christofle, de coutellerie et d'armes. Les montres et horloges pouvaient être choisies dans le catalogue de la manufacture Veyret, par qui il faisait signer les cadrans de la mention « J.L. Blanc – Sabadel-Lauzès ». Les ventes étaient faites sur place, ou dans les foires de la région où Jean-Louis Blanc se rendait en carriole tirée par son cheval [40]. De nombreuses horloges subsistent encore aujourd'hui dans les villages du canton, comme celle que l'on peut voir dans l'église de Caniac.

Jean-Louis Blanc   **Horloge de l'église de Caniac**

Alors que d'autres s'essayaient au commerce de manière éphémère, Jean-Louis Blanc exerça cette activité jusqu'à la fin de sa vie en 1931. Il fut aussi élu conseiller municipal de Sabadel en 1897, puis premier adjoint de 1908 à 1925 [40].

Métiers exercés	1876	1886	1891	1896	1901	1906	1911
Boulanger			1	1	1	1	1
Charpentier	1	2	4	2	1	1	1
Charron		1		1			
Chiffonnier			1	1			
Cordonniers	3	2	3	1	2	1	1
Epiciers	2			1	3	2	1
Forgeron	1	2	1	2	1	1	1
Horloger	1	1	1	1	1	1	1
Limonadier cafetier aubergiste	1			2	1	1	1
Maçons	1	3					
Marchand de bois bucheron		1	2	1	1	2	1
Marchande de tissus		2	1	1			
Menuisiers	2	2	1		2	1	1
Meunier						1	
Sabotiers	3	2	1	1	1	2	2
Scieurs de long	2	2	2	1			
Tailleur-chemisier couturière modiste	3	5	3	2	1	1	1
Tonnelier	1						
Tourneur	1						
Voiturier	2	2	1				

Métiers de l'artisanat et du commerce apparaissant dans les recensements de 1870 à 1914 [19]

Vincent Saillens, sabotier

Nous avons déjà croisé Vincent Saillens à l'occasion de sa participation à la guerre de 1870. Lui aussi fils d'agriculteur, né à Sabadel la même année que Jean-Louis Blanc, il s'était établi comme sabotier dans la maison familiale en 1866[23], juste avant que la malchance ne lui fasse tirer un numéro pour le service armé. Il reprend son activité à son retour de captivité en 1872, et pendant plus de 20 ans travaille avec plusieurs ouvriers successifs à développer sa saboterie. En 1895, c'est son fils Robert, âgé de 15 ans, qui le seconde, mais il décèdera prématurément 8 ans plus tard. Le deuxième fils, Camille, prend la suite de son frère ainé, mais il montrera peu d'enthousiasme pour la vie d'artisan et choisira une vie plus tumultueuse. Un temps cafetier à Sabadel[24] vers 1900, puis à Cahors où il rencontra quelques ennuis, il partira finalement à Toulouse. Entre temps, il aura fait rouler dans Sabadel une des premières automobiles qu'on y ait vues, une superbe torpédo Sizaire-Naudin.

Vincent Saillens était un entrepreneur qui rendit sa fabrique de sabots florissante. On venait parfois de très loin pour acheter sa production, du Cantal ou de l'Aveyron, à tel point qu'il était quelquefois trop tard le soir pour qu'un client puisse repartir de Sabadel. Julie, la femme de Vincent, proposait alors la soupe au voyageur, et lui trouvait un coin pour dormir avant de reprendre la route le lendemain [41].

Les livres de compte de Vincent qui ont été conservés nous renseignent sur les pratiques d'un artisan à cette époque. On peut par exemple y voir qu'une même famille a commandé 19 paires de sabots ou de galoches entre septembre 1883 et novembre 1886. Elle n'a payé l'ensemble qu'au bout de ces 3 ans, pour la somme de 25 francs. Le paiement différé était une habitude, les agriculteurs ne trouvant en général les sommes nécessaires qu'au moment de la vente des récoltes, en particulier du tabac. Comme les agriculteurs, les artisans ne se limitaient souvent pas à une activité unique, on trouve aussi dans le livre de comptes de Vincent la trace d'autres services facturés aux habitants de Sabadel. Ce pouvaient être des courses en voiture à cheval vers Cahors, Gramat, Rocamadour, etc. ou des factures de plants de tabac rapportés de Cahors. On y trouve aussi ponctuellement des transports de personnes, en particulier depuis ou vers la gare de chemin de fer de Vers après 1886. Des factures de journées de travail payées par Vincent à divers habitants de Sabadel sont aussi mentionnées dans ses livres. Il devait s'agir des journées de coupe de bois dans les forêts de la commune pour les besoins de la saboterie. Enfin, à une époque où les banques, et en particulier le Crédit Agricole, n'existaient pas, Vincent, qui jouissait

---

[23] Emplacement 3 sur le plan du Bourg p. 5.
[24] Emplacement 15 sur le plan du Bourg p. 5.

d'une certaine aisance prêtait de l'argent à ses concitoyens; les sommes et les dates de remboursement étaient scrupuleusement notées.

Ce petit homme brun de 1m58 qu'on appelait « le vicaire » en raison de sa grande piété participa activement à la vie de la commune, dont il fut conseiller municipal. En 1899, le préfet du Lot le nomma administrateur du bureau de bienfaisance de Sabadel alors qu'il venait de démettre de leurs fonctions l'équipe en place impliquée dans le scandale du Conseil de Fabrique. Au cours de cette empoignade politique, on l'a vu, Vincent Saillens a présidé le Comité Radical de Sabadel.

Galoches confectionnées par Vincent Saillens

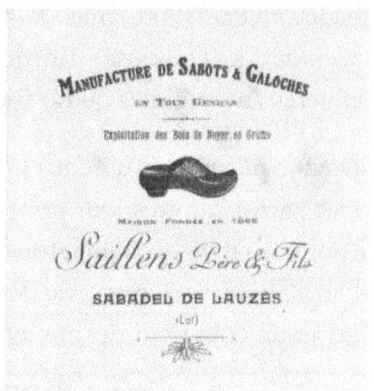

En-tête commercial de Vincent Saillens

Même s'il fut le plus important, Vincent Saillens ne fut pas le seul sabotier de Sabadel durant sa période d'activité qui se poursuivit jusque vers 1920. Dans les années 1870-1880, il y eut aussi le sabotier Viguié dans le Bourg, puis à partir de 1905 environ, Méric au Coustalou. Ce dernier avait d'ailleurs fait ses premières armes comme ouvrier de Vincent Saillens. Avant tout agriculteur, c'était sans doute pour lui une activité complémentaire, que sa petite fille se souvient l'avoir vu exercer dans la cave de la maison [39].

La distinction entre sabotier et cordonnier n'était peut-être pas si évidente. Il y avait en tout cas d'autres spécialistes pour chausser les sabadellois (tableau p. 88). Certains s'établirent un temps seulement, mais au moins l'un d'entre eux, le cordonnier-sabotier Germain Imbert, exerça au centre du bourg pendant plus de 20 ans [40].

Julie Saillens, épicière

Quelques semaines après son retour de captivité en 1872 Vincent Saillens avait épousé Julie Marquès de Cabrerets, qui lui donna trois enfants. En 1907, sans doute stimulée par l'esprit d'entreprise de son époux et voyant que le petit commerce se développait dans le village, Julie fonda une épicerie dans un local attenant à l'atelier de son mari. Les livres de compte, aussi soigneusement tenus que ceux du sabotier, montrent que le commerce a fonctionné jusqu'en 1918 au moins, et nous informe sur la nature des produits vendus par un épicier du début du 20e siècle.

Vincent et Julie Saillens vers 1910

Une grande variété de marchandises était disponible, à l'exception de produits frais. A côté de l'épicerie classique (légumes secs, sucre, pâtes), on trouvait des fournitures domestiques comme la lessive, le pétrole lampant, les allumettes, le cirage… Au fond, ce petit commerce ressemblait assez à une supérette d'aujourd'hui ! Parmi ces produits, le café était convoité mais cher. Pour en faire la publicité, Julie avait une stratégie bien personnelle. Comme elle avait sa boutique à quelques pas du portail de l'église, elle grillait son café le dimanche matin. Alléchés par la bonne odeur à la sortie de la messe, les paroissiens faisaient le détour par l'épicerie pour s'offrir un peu de café, souvent vendu par petites quantités de 100g à cause du prix élevé [41].

Extrait du livre de comptes de l'épicerie Saillens (1913) (les pages étaient barrées après paiement)

Plusieurs autres commerces vendaient des produits d'épicerie, comme Pégourié et Hastorg à Mathieu (Le Pont) en face du forgeron, ou pendant une très courte période, Bastide dans le Bourg. Cécile Blanie quant à elle vivait dans le bourg avec ses enfants chez ses parents, où son père Pierre Lacroix était épicier. Pierre Blanie, son mari, était instituteur et ne vint vivre à Sabadel qu'après avoir pris sa retraite, comme en attestent les recensements [19]. Vers 1880-1885, Cécile Blanie-Lacroix prit la succession de son père, mais sentant sans doute que les temps avaient changé et qu'il y avait de l'avenir pour d'autres commerces que l'épicerie, elle devint marchande de tissus. Elle le restera une dizaine d'années, avant de reconvertir son commerce en épicerie entre 1895 et 1905 environ, tout en continuant à vendre des tissus.

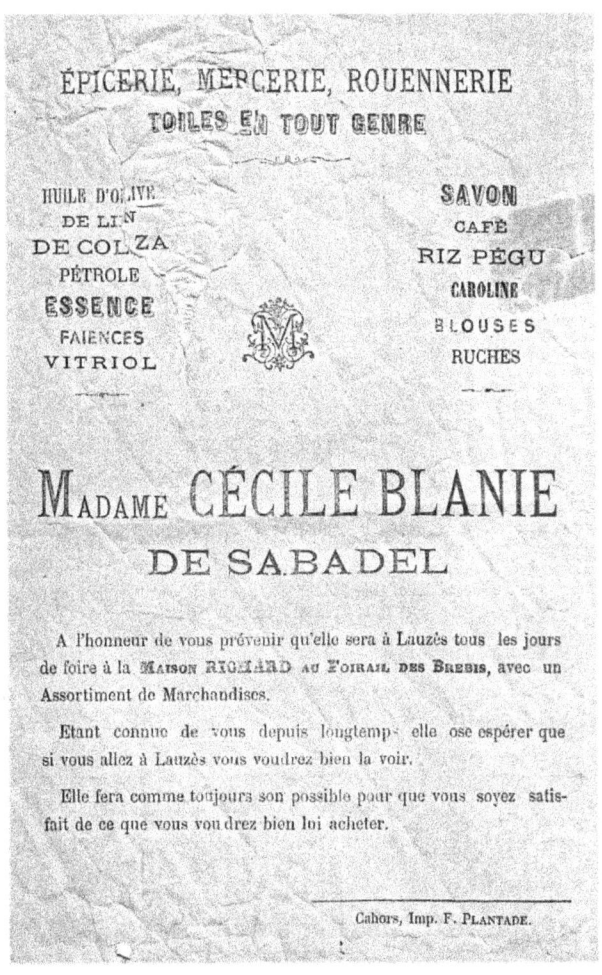

Publicité de l'épicerie Blanie, vers 1900

Vers la fin de l'autosuffisance

Jusqu'au milieu du 19ᵉ siècle environ, les paysans de Sabadel vivaient en produisant eux-mêmes la plupart des denrées ou produits dont ils avaient besoin. On faisait son pain, on filait le chanvre ou la laine, qu'on tissait pour faire son linge de maison et ses vêtements. Seuls des artisans très spécialisés comme les charpentiers, les maçons, les sabotiers offraient leurs services. A la fin du siècle, les conditions de vie en milieu rural s'améliorant progressivement, on se mit à acheter certaines des marchandises qu'on produisait soi-même auparavant. C'est ainsi que s'installa dans le Bourg le premier boulanger, Jules Delsériès[25], ou des artisans ou commerçants fabriquant ou vendant de l'habillement. Plusieurs marchands de tissus, tailleurs, chemisiers, modistes s'installeront pour des période souvent assez courtes de quelques années. Le tailleur Langlès, dans le Bourg d'abord, puis à Lacapelette, est celui qui eut la plus grande longévité. Installé vers 1890, il était toujours artisan au moment du recensement de 1911 [19]. Vers la fin du 19ᵉ siècle, les familles ne tissaient donc plus leur propre toile pour fabriquer leurs habits, mais achetaient les tissus à des commerçants locaux, ou s'adressaient à des tailleurs du village pour confectionner leurs vêtements.

L'apparition des épiceries est un signe important du changement de mode de vie. Non seulement on y achetait certains produits alimentaires au lieu de les produire soi-même, mais on commençait grâce à elles à consommer des produits nouveau, inconnus auparavant dans le village, comme les pâtes, le riz ou le café. Enfin, on voit apparaitre de nouveaux lieux de rencontre. Alors qu'on se retrouvait auparavant entre villageois dans les maisons du village à la veillée ou à l'occasion des travaux des champs, on peut dorénavant se rencontrer au café. Dans la période de 1870 à 1914, on trouve un aubergiste à Lacapelette, et trois ou quatre cafetiers-limonadiers dans le Bourg. Ces commerces ne durent que quelques années, à l'exception du café Hermet dans le Bourg qui resta ouvert plus de 10 ans.

A côté de tentatives commerciales plus ou moins pérennes, on remarque que certains artisans exercèrent durablement leur activité, parfois même sur plusieurs générations comme les charpentiers Magot à Ferrasse. Le forgeron Jean Guittard quant à lui était déjà installé dans le Bourg en 1872[26], et ne cessa son activité que vers 1905. On pouvait encore voir son « travail » (installation pour le ferrage des bovins) en bas de la Caminade dans les années 1930 [15]. Les Rouchayroles père et fils seront quant à eux forgerons au Pont à partir de 1877 jusqu'après la seconde guerre mondiale [40].

---

[25] Emplacement 11 sur le plan du Bourg p. 5.
[26] Emplacement 14 sur le plan du Bourg p. 5.

Comme la multi-activité était décidément une habitude, on découvre à la lecture d'un arrêté municipal de 1878 que Guittard et Rouchayroles sont tous deux autorisés à ouvrir leur débit de boisson jusqu'à minuit les 1er et 2 septembre, jours de la fête de Sabadel. En 1879 et 1880, cette autorisation sera donnée à Basile Rouchayroles et « *Marie-Anne Espéret veuve Barras, au panneau de Lacapelette* ». Basile Rouchayroles a donc exercé au moins trois activités à Sabadel : agriculteur, forgeron et cafetier !

Nous terminerons cette revue des artisans et commerçants du tournant du siècle par le *peilharote* (chiffonnier en occitan). Jean-Louis Cabessut, initialement déclaré comme cultivateur dans les recensements des années 1870, puis chiffonnier au Traversou vers 1890, alors qu'il a 70 ans, et travaille avec son fils Jean-Pierre, 24 ans [19]. Ce dernier exerça aussi la fonction d'équarrisseur. Le *Journal du* Lot a raconté en 1910 qu'à la suite d'un accident survenu à Guillot, on l'envoya chercher avec sa charrette un mulet à la jambe cassée qu'on n'avait pu relever [24]. Le petit fils Elie devint lui aussi chiffonnier, et utilisa comme entrepôt l'ancienne maison du forgeron Guittard au centre du Bourg après 1910[27].

La Caminade, le Presbytère et les Roucans vers 1900

---

[27] Emplacement 14 sur le plan du bourg p. 5.

Images de la vie à Sabadel de 1870 à 1914

L'aspect du village à la fin du 19ᵉ siècle ressemble beaucoup à celui d'aujourd'hui, avec l'ouverture de la route principale venant du Pont et partant en direction de Saint-Martin-de-Vers, et la large allée bordée de platanes reliant cette route à l'église. On note toutefois quelques différences perceptibles sur la belle peinture anonyme réalisée en 1875 reproduite ci-dessous, ou sur la photographie du village prise vers 1900 (ci-contre).

Peinture anonyme, 1875

Sur la photographie de 1900, on note que le lavoir n'a pas encore été construit et le paysage alentour du village est différent, beaucoup moins boisé qu'aujourd'hui. Des billes de bois qui sont déposées près de la source sont le signe d'une exploitation toujours importante de ce qui subsiste de forêt. On peut aussi noter la présence de deux bâtiments aujourd'hui disparus, dont une maison assez importante en dessous du mur du cimetière qui a été détruite vers 1945 en raison de son mauvais état[28]. On retrouve cette maison en arrière-plan de la photographie de l'épicerie Régis de 1935 (page 118). Près de l'angle du mur de l'église, en partie caché par un arbre, on distingue aussi une petite construction qui a dû être le four banal du village[29]. On voit

---

[28] Emplacement A sur le plan du bourg p. 5.
[29] Emplacement B sur le plan du bourg p. 5.

aussi distinctement les deux pigeonniers du « château », dont on a vu qu'il ne s'agissait probablement que d'une maison cossue. Entre 1875 et 1900, la petite maison posée près du pont sur la rive droite de la Sagne a changé : couverte d'un toit de chaume en 1875, elle a acquis son toit de tuiles en 1900. S'il est probable que dans les temps de la Révolution beaucoup des maisons de Sabadel étaient couvertes de chaume, ceux-ci disparurent progressivement dans la fin du 19e siècle jusqu'à leur interdiction par une loi de 1937 [6], en raison des trop nombreux incendies dont ils étaient responsables. A Sabadel, beaucoup de bâtiments furent détruits par des feux souvent occasionnés par la foudre : 1889, une grange au Pech de Naudy ; 1894, une grange à Malagorce qui a failli occasionner l'incendie de toutes les maisons du hameau ; 1908, une grange au Mas del Saltre. Outre la perte des bâtiments, c'est aussi toute la production agricole entreposée et parfois le bétail qui disparaissaient dans ces catastrophes, pour lesquelles les agriculteurs n'étaient pas toujours assurés [24].

Le bourg de Sabadel vers 1900

Grâce aux progrès réalisés dans le domaine de l'éducation et à l'ouverture vers l'extérieur par la construction des routes, le petit monde des sabadellois change. Parmi les 27 mariages célébrés au village entre 1893 et 1902, un sur cinq seulement se conclut entre époux nés tous deux à Sabadel, et un sur quatre entre époux vivant à Sabadel. On va chercher son conjoint beaucoup plus loin qu'auparavant. Alors qu'il était rare qu'on sorte du canton pour trouver son âme sœur au début du 19e siècle, on trouve dans cette dernière décennie 13 hommes qui résidaient hors du canton de Lauzès (24%), dont un vient de Dordogne. Aucune épouse ne vient d'un autre canton, ce qui est normal en raison de la tradition de célébrer le mariage dans la commune de l'épouse. D'autre part, la plupart des conjoints savent dorénavant signer : 93% des hommes et 81% des femmes, ce qui illustre la spectaculaire progression de l'instruction après 1870. Des progrès en matière d'hygiène et de santé se produisent aussi à cette époque, en lien avec ceux de l'instruction. Dans les années 1910, le docteur Jardel de Lauzès se rendait dans la mairie de chaque commune du canton pour vacciner les enfants. Les parents étaient instamment priés d'accompagner leurs enfants et d'être à l'heure ! Beaucoup d'aspects de la vie quotidienne ne changent cependant pas. Bien que Sabadel soit favorisé avec ses sources et son ruisseau, la disponibilité de l'eau reste un problème. On boit toujours l'eau des citernes, et on conduit le bétail pour qu'il s'abreuve dans les « lacs ».

Le lac de Sabadel

Lorsque les citernes sont vides ou lorsqu'il gèle, il faut venir des hameaux puiser l'eau à la source du bourg ou à celle du Pesquié. Le sabotier Méric du Coustalou, qui était aussi sonneur de cloches, prenait ses seaux pour les remplir à la source lorsqu'il venait à l'église [39]. D'autres venaient avec leur attelage de plus loin encore, en particulier de Lentillac ou Artix. Pour subvenir aux besoins, on cherchait aussi où creuser des puits. Vers 1870, Jean-Ambroise Couderc a fait venir un sourcier qui a détecté un filon d'eau souterraine à quelques dizaines de mètres de la ferme du Gruat. Après avoir creusé à 6 ou 7 mètres de profondeur, il n'a trouvé qu'un peu de terre humide. Il s'était juste trompé de quelques mètres : la fontaine a pu produire son eau après qu'on ait réalisé un tunnel horizontal ! [26]

La fontaine du Gruat et son tunnel

D'autres puits de ce type ont été construits, comme celui de la ferme de Ferrasse aujourd'hui tari, ouvert dans une anfractuosité du rocher, non loin de l'entrée d'une petite grotte enfouie sous le chemin qui descend vers le Coustalou.

Le secours aux plus démunis continue de s'organiser avec l'avènement de la troisième république, qui peut allouer des sommes, toujours très faibles, aux résidents dans le besoin. Une loi de 1905 contraint même les municipalités à le faire [6]. Après l'hiver 1890-1891 qui avait été particulièrement rigoureux, l'Arrondissement de Cahors accorda des aides réparties au prorata de la population. Sabadel reçut 50 F [24]. Ces aides étaient gérées par les Bureaux de Bienfaisance des communes qui avaient été créés après la Révolution, dont on a vu que celui de Sabadel avait lui aussi été dissout au moment de l'affaire du Conseil de Fabrique.

Les conséquences de cette vie rude et parfois misérable pouvaient se révéler dramatiques. En mars 1903, Jean-Louis Fizammes, cultivateur au Pech de Naudy, fut retrouvé par ses voisins pendu dans sa grange, après avoir plusieurs fois déjà tenté de se suicider [24]. Comme si ce drame horrible ne suffisait pas à accabler la famille, son frère, profitant de l'absence des siens, monta au grenier et se pendit l'année suivante, en décembre 1904, laissant une veuve et deux enfants [33]. Tous les faits divers rapportés par les journaux n'avaient cependant pas des conséquences aussi dramatiques, mais certains pouvaient avoir de quoi impressionner les sabadellois et alimenter les conversations jusqu'à se transmettre oralement et entrer dans les mythologies familiales. Ainsi le petit Jules Delsériès, âgé de trois ans, tomba t-il en

1906 dans un chaudron d'eau bouillante ! Il semble qu'il s'en soit tiré sans grand dommage [33]. Est-ce cette épreuve qui a fait de lui un poète (page 156) ?

Dans cette période où républicains et cléricaux s'opposaient violemment, la religion occupait toujours une place importante dans la vie du village, avec ses nombreuses célébrations rythmant l'année. Presque tous les habitants participaient à la messe dominicale où, bien que le clergé ait perdu une bonne partie de son influence par la laïcisation de l'enseignement, le curé pouvait porter sa bonne parole. Il est vrai qu'à Sabadel dans les années 1890, le curé Bouygues ne se rangeait pas toujours du côté des plus dévots de ses paroissiens ! Mais les jeunes catholiques des campagnes, en réaction aux menées anticléricales, commençaient à s'organiser en créant des associations qui préfiguraient la Jeunesse Agricole Catholique. En novembre 1904, alors que l'abbé Puel avait remplacé le curé Bouygues, deux jeunes délégués de l'association de la Jeunesse catholique du Lot sont venus faire une conférence à Sabadel après la messe. Tenue dans l'ancienne gendarmerie, elle fut accueillie « avec enthousiasme », si bien que 22 jeunes adhérèrent à l'association et ont nommé un bureau. Pourtant les membres de cette association n'étaient pas accueillis partout aussi chaleureusement. Quelques jours plus tôt, une violente rixe les avait opposés à des manifestants au Roc Traoucat, se terminant par quelques baignades contraintes dans le Célé [24, 33].

Aubade un matin de fête devant la maison Rives vers 1900

4

1914-1945. D'UNE GUERRE À L'AUTRE

La première guerre mondiale

Le 3 août 1914, l'Allemagne déclare la guerre à la France. Alors qu'on est en pleine moisson, le tocsin sonne à l'église de Sabadel. Rapidement, plusieurs dizaines d'hommes sont mobilisés et doivent quitter leur famille. Bien qu'on n'en ait aucun témoignage direct, il est probable qu'ils partirent dans le même état d'esprit que leurs compatriotes de l'époque : la guerre serait courte et on prendrait vite notre revanche sur l'humiliation de 1870. Aucun sans doute n'imaginait qu'il ne reverrait plus son village natal.

Alors que la population de Sabadel était d'environ 320 habitants, 41 hommes furent mobilisés en 1914, puis 7 de plus entre 1915 et 1917. Presque un habitant sur sept. Sur ces 48 hommes, 12 ne revinrent pas dans leur village, soit 25% des mobilisés, une proportion très supérieure à celle de la totalité des pertes de l'armée française (environ 17%) [35]. Il y eut aussi des prisonniers de guerre, parmi lesquels figurait le maire de Sabadel, Gustave Bastide interné à Cassel-Niederzwehren jusqu'au 10 juin 1918 [37]. La liste des noms de tous ceux qui furent faits prisonniers n'a pas été établie, pas plus qu'une liste complète des mutilés de guerre de Sabadel.

Les sabadellois morts pour la France en 1914-1918

BALITRAND Jean Camille : 2ème classe au 1er régiment mixte. Décédé le 15 novembre 1916, à 23 ans, au bois de St Pierre Waast, Somme.

BLANC Léon *(abbé)* : aumônier bénévole, infirmier au 7ème régiment d'infanterie. Décédé le 18 avril 1919, à 34 ans, à l'hôpital mixte de Cahors. Médaille militaire, Croix de guerre.

CARNAJAC Paul Frédéric : caporal brancardier au 7ème régiment d'infanterie. Décédé le 19 juillet 1918, à 29 ans, au camp de Chichoy, Marne.

COUDERC Gaston : 2ème classe au 9ème régiment d'infanterie. Décédé le 29 août 1918, à 23 ans, à Guny, Aisne.

DELSERIES Prosper : 2ème classe au 60ème régiment d'infanterie. Décédé le 17 septembre 1916, à l'hôpital Marcelcave. Enterré à la nécropole nationale « Les Buttes », Marcelcave, Somme.

GALARET Auguste : 2ème classe au 7ème régiment d'infanterie. Décédé le 29 novembre 1914, à 28 ans, à l'hôpital mixte de Cahors.

HIGOUNET Adrien : caporal au 13ème régiment d'infanterie. Décédé le 16 juin 1915, à 21 ans, à Arras, Pas de Calais.

LAPLAZIE Marcel : 2ème classe au 207ème régiment d'infanterie. Décédé le 20 décembre 1914, à 30 ans, à Hurlus, Marne.

MARTIN Marius : capitaine au 319ème régiment d'infanterie. Décédé le 22 octobre 1915, à 30ans, à l'hôpital de Vitry le François, Marne.

SOLDADIE Jean Ambroise : 2ème classe au 7ème régiment d'infanterie. Décédé le 2 octobre 1917, à 21 ans, à la côte 344 à Verdun, Meuse.

VALERY François : 2ème classe au 24ème régiment d'infanterie. Disparu le 25 décembre 1916, à 34 ans, à Miraucourt, Marne.

VAQUIE Paul : 2ème classe au 7ème régiment d'infanterie. Décédé le 14 septembre 1914, à 33 ans, à Miraucourt, Marne

Le peu d'informations dont nous disposons sur cette époque tient à ce que pendant la Grande Guerre la presse locale privilégiait l'arrondissement de Cahors, ignorant la vie locale du nord du département [42]. Des bribes d'informations peuvent être trouvées dans des articles publiés bien plus tard, comme cette nécrologie du Journal du Lot de 1933 qui nous apprend qu'Elie Carnajac avait été mutilé au front, et mourut alors qu'il n'avait que 38 ans [24]. Quelques souvenirs de la guerre restitués par des sabadellois nous sont néanmoins parvenus.

L'abbé Léon Blanc

Rien dans le parcours initial de Léon Blanc, né le 2 mai 1884 à Sabadel, ne laissait présager qu'il serait l'un des douze enfants de Sabadel morts pour la France. Après avoir devancé l'appel et s'être engagé pour un an au 7ème régiment d'Infanterie de Cahors, il choisit une autre voie et fut ordonné prêtre le 7 juillet 1907. Une grande cérémonie religieuse à laquelle assistait toute la population de Sabadel célébra cet événement en octobre 1907 [33]. Peu auparavant, le jeune abbé Blanc avait quitté en juillet le grand séminaire de Cahors pour l'institut catholique de Toulouse afin d'y préparer sa licence de lettres, à la suite de laquelle il se rendit à Rome en 1909 pendant 2 ans pour préparer un doctorat en théologie. Il fut nommé vicaire de Luzech le 15 octobre 1911 et, après 4 mois, devint directeur du grand séminaire de Cahors et professeur de dogme et droit canon. Il entreprit alors une lutte contre l'alcoolisme en prônant l'abstinence, et fonda une revue en mars 1913, la Croix d'Or.

L'abbé Léon Blanc au centre, parmi les membres de sa famille en 1907

Lorsque la guerre éclata, il fut libéré de toutes obligations militaires compte tenu d'un état de santé fragile. Néanmoins, ayant été sur son désir versé dans le service armé lors de la révision des réformés en septembre 1914, il fut incorporé le 22 février 1915 dans la 7ème section des infirmiers de Toulouse. A sa demande, il rejoignit le front comme infirmier devant faire fonction d'aumônier bénévole. Il y resta jusqu'en mai 1918. Pendant près de 3 ans, en Lorraine, en Champagne, à Verdun, il a été le compagnon de route des soldats du 7ème de ligne. Il les a suivis partout, sur les routes poudreuses et les tranchées de première ligne pleines de boue. Il a enduré comme eux le froid des durs hivers, et la chaleur des étés brulants. Il s'est exposé comme eux aux balles et aux obus, a assisté les blessés et les mourants, ayant pour seule pensée de remplir parmi eux son ministère de prêtre et d'infirmier.

Malade depuis longtemps, il fut envoyé à l'hôpital de Clocheville à Tours, mais son état ne s'améliorant pas, les médecins décidèrent de le faire transporter à l'hôpital mixte de Cahors. Il y décéda le 18 avril 1919, à l'âge de 45 ans. Il était décoré de la Croix de guerre et de la Médaille militaire [40].

Jean-Louis Bastide

Né en 1883, Jean-Louis Bastide du Camp Grand est mobilisé en 1914. Soldat clairon au 207ème régiment d'infanterie, il est blessé en septembre 1914 par un éclat d'obus au bras droit. Sorti de l'hôpital de Portiragnes le 21 janvier 1915 pour être envoyé au dépôt des convalescents de Béziers, il y reste 2 mois, puis est autorisé à rentrer dans le Lot le 21 mars pour y poursuivre sa convalescence. Réincorporé au front, il est à nouveau blessé à son poste de combat dans les tranchées le 28 juin 1916. Son comportement de soldat exemplaire lui vaudra une citation à l'ordre du régiment en juillet 1916, et la médaille militaire qui lui sera remise à la caserne Bessières de Cahors le 21 mai 1917.

Jean-Louis Bastide et son épouse

Citation de Jean-Louis Bastide

Durant le conflit, le village de Sabadel ne connut à peu près rien d'autre de cette guerre que les événements nationaux relatés par les journaux, la vie des tranchées racontée dans des lettres envoyées par les combattants, et les terribles souffrances de la perte d'un mari, d'un père, d'un proche. Les combats se déroulaient exclusivement dans le nord de la France, bien trop loin pour qu'on tremble ici au bruit du canon. Le sucre et le pain ont bien manqué, surtout pendant la seconde moitié du conflit [42], mais les pénuries sont restées modérées, puisqu'on produisait encore beaucoup de ce qu'on consommait. Les réfugiés ne sont pas venus jusqu'à Sabadel, bien que Cahors en ait accueilli beaucoup : rien que le dimanche 1er novembre 1914, la ville vit arriver 1200 réfugiés belges [43]. La vie continua donc presque comme avant, mais sans les jeunes hommes partis au front. Il fallut tout de même parfois répondre aux réquisitions, comme en juillet 1918 où les propriétaires de chevaux et mulets des communes de Nadillac, Cras, Fages, St-Martin-de-Vers, St-Cernin et Sabadel, avaient été invités à les conduire à Lauzès, devant la commission de réquisition. Cinq chevaux et un mulet ont été réquisitionnés, « *au prix rémunérateur de 1 900 à 2 200 F* » [24].

Les anciens, les adolescents et les femmes assumèrent pendant 4 années toutes les tâches de la vie paysanne, en pérennisant les types de cultures et les méthodes d'avant 1914, ce qui ne sera pas sans répercussion sur les décennies suivantes. S. Villes et D. Cambon, dans leur ouvrage « 1914-1918. Les lotois dans la Grande Guerre » [42], émettent sur cette période le sévère jugement suivant : « *Pendant la guerre, le Lot se tient irréductiblement à l'écart de toute évolution socio-économique, se recroquevillant autour d'un mode de production hérité de traditions séculaires. Aucun dynamisme mental, mais une tacite revendication de pratiques immobilistes conjuguant habitudes, routine sécurisante, et méfiance atavique envers la modernité. Par exemple, l'apparition du machinisme agricole ailleurs en pleine expansion, et porteur d'intensification du rendement, sont « snobés » par les producteurs locaux ».*

Les sabadellois restés au village contribuaient sans restriction au soutien des soldats du front. En 1915 par exemple, ils participèrent pour 75 francs à la « Journée du 75 » organisée par la Société de Secours aux blessés militaires (Croix-Rouge) et la Ligue patriotique des Françaises [24]. En 1916, soixante-dix-sept sabadellois souscrivirent chacun entre 3 et 10 francs selon leurs moyens, à une collecte des Œuvres Départementales d'Assistance aux Victimes de la Guerre [24]. Après la guerre, des cérémonies célébrèrent les soldats comme ce banquet des démobilisés organisé à Lauzès le 4 juillet 1920, auquel tous les soldats du canton furent conviés. Voici comment le relate le *Journal du Lot* : « *A 10 heures 1/2, on se rend à l'église, trop petite pour contenir tout le monde, et où un catafalque recouvert de fleurs et de couronnes et entouré de drapeaux, parmi lesquels nous avons remarqué celui des vétérans de 1870, avait été dressé par quatre jeunes filles de la localité. Et on assiste au service solennel, célébré par M. le doyen de Lauzès, à la mémoire des soldats du canton morts pour la France. Quatre jeunes prêtres, celui de Sabadel, Fages, Cabrerets et St-Martin-de-Vers, démobilisés, assistent leur doyen, témoignant par leur présence leur communauté de vues avec les organisateurs de cette fête…*
M. Gontival, de Sénaillac, mutilé de guerre, nous a chanté « Marceau » avec une puissance et une justesse de voix que nous étions loin de lui connaître. M. Rouchayrolles, de Sabadel, une chanson sentimentale, très belle voix, juste, mais un peu faible. Enfin M. Bessac, d'Orniac, désopilant et comique, nous a chanté plusieurs chansons, très gaies, et presque aussi légères que la température était lourde ».

La prière de Marie Régis

Laurent Régis, de Sahuès, fut rappelé sous les drapeaux le 2 août 1914 et rejoignit son corps d'armée avec ses compagnons d'infortune, la fleur au fusil, galvanisé de courage et de patriotisme, et convaincu comme eux que la guerre serait brève et qu'ils allaient sans tarder prendre la tête de Guillaume et la rapporter en France. Sa femme Marie décida alors de placer son mari sous la protection de la Sainte Vierge en la priant tous les jours afin que rien de mal n'arrive à Laurent, qui pendant 4 ans subit toutes les offensives, toutes les souffrances de ceux qui vécurent dans les tranchées. Pendant ces 4 ans, Marie parcourut chaque jour les 7 kilomètres du trajet aller-retour entre Sahuès et l'église de Sabadel. Quand Laurent rentra indemne à Sabadel, Marie sut que ses prières l'avaient préservé [26].

La vie à Sabadel dans l'entre-deux-guerres

A la sortie de la première guerre mondiale, Sabadel entre dans une longue période de transition vers la modernité qui va durer plus d'un demi-siècle. L'entre-deux-guerres se caractérise par la persistance de coutumes parfois ancestrales et l'irruption d'innovations qui viennent bouleverser presque tous les domaines de la vie au village. Immédiatement après la guerre, un premier événement majeur se produit à la parution d'un décret du 25 décembre 1918. Suite à une idée née dans le cerveau torturé d'un fonctionnaire des postes, le nom ancestral de Sabadel est abandonné pour celui de Sabadel-Lauzès. Cette modification était une pure facilité administrative, dont les concepteurs n'avaient pas imaginé qu'avec l'apparition du code postal quelques décennies plus tard elle deviendrait rapidement obsolète. Malheureusement, à l'inverse de certains de ses voisins, le village de Sabadel n'a pas retrouvé son identité d'origine.

Les changements apportés par la guerre

Aussi douloureuse, aussi cruelle qu'ait été l'expérience du front, la guerre avait ouvert d'autres horizons à quelques-uns des soldats qui en sont revenus, et qui pour certains d'entre eux n'avaient jamais quitté leur village auparavant. Certains historiens considèrent d'ailleurs que c'est une partie de l'explication de l'exode rural qui se poursuivit dans les années 1920 [35]. Force est de constater que Sabadel perdit encore 30% de sa population dans l'entre-deux-guerres. Les habitudes alimentaires des soldats ont aussi changé pendant la guerre. Au front, ils avaient droit à 300 à 500 grammes de viande par jour selon leur position [44], régime assurément différent de celui des sabadellois avant la guerre. Il est donc vraisemblable, bien qu'on ne dispose d'aucune statistique, que même si on ne mangeait pas très souvent de la viande de boucherie dans les fermes [36], sa consommation augmenta dans les familles après la première guerre mondiale.

Coutumes et vie quotidienne

Jusque vers les années 1950, souvent même plus tard dans de nombreuses familles, on parlait patois à la maison, bien que la majorité des habitants maîtrisât complètement le français grâce à l'instruction qu'ils avaient reçue. Mais même les jeunes qui se mariaient dans les années d'entre-deux-guerres conversaient entre eux en patois [36]. Pour entretenir un bilinguisme devenu indispensable, des pères faisaient la lecture en français à leurs enfants le soir, leur contant des histoires puisées dans des livres de la bibliothèque de l'école. Pour les adultes, le journal catholique *La Défense* du chanoine Viguié était un moyen d'information important entre-deux-guerres. C'était un hebdomadaire distribué sur abonnement par le facteur. D'autres lisaient le *Petit Journal* ou *La Dépêche*, mais d'une manière générale les agriculteurs s'informaient peu sur les événements du monde pour lesquels ils avaient peu d'intérêt [15].

Lecture de *La Dépêche* dans la maison de la famille Rouchayroles en 1904

Trois générations cohabitaient en général à la ferme et les familles étaient souvent nombreuses. On compte entre 1920 et 1933 six familles de Sabadel ayant reçu la « Médaille de la Famille Française » pour avoir élevé entre 5 et 10 enfants chacune. Les femmes accouchaient chez elles, assistées par la fille du sabotier Saillens, Noémie Valette. L'éducation des enfants était rigoureuse sans être nécessairement sévère. Mais une jeune fille née dans les années 1920 ne pouvait certes pas aller danser dans les fêtes de village sans être accompagnée d'un chaperon, qui était souvent un frère ainé [36]. Ces années là à Sabadel ne pouvaient tout de même pas être qualifiées, comme celles des grandes villes, « d'années folles » !

La fête de Sabadel se tenait autour du premier dimanche de septembre et durait trois jours. Un programme très précis était établi par le Comité des Fêtes longtemps à l'avance, comme en atteste celui publié par le *Journal du Lot* le 28 août 1921 :

> « *Samedi soir 3 septembre, réception de la musique, ouverture de la fête, salves d'artillerie, bal toute la soirée.*
>
> *Dimanche à 7 h., réveil en fanfare, à 10 h., distribution de bouquets aux jeunes filles, à 11 h. 1/2, apéritif-concert, à 15 h., lancement d'un ballon, bal toute l'après-midi, à 20 h., tour de ville en musique, bal toute la nuit.*
>
> *Lundi 5 septembre, réveil en fanfare, dans la matinée, jeux divers, à 11 h., apéritif-concert ; bal toute l'après midi et le soir, clôture de la fête par l'immémorial réveillon.*
>
> *Le meilleur accueil est réservé aux étrangers.* »

La reprise des travaux des champs la semaine suivante devait être difficile, car pendant la fête on dormait peu ! On notera la dernière formule de cette annonce : était-il nécessaire de préciser qu'on accueillait bien les étrangers à Sabadel ? Il n'est pas fait mention dans ce programme du concours de rampeau, le jeu traditionnel à 3 quilles qui a aujourd'hui presque disparu. On y jouait près de la source du village, à l'ombre des platanes. Lors des pauses, on pouvait aller boire un verre au petit café-restaurant qui était près du pont de pierre, au son du murmure rafraichissant du ruisseau[30]. Dans les années 1930, l'orchestre de la fête de Sabadel était composé d'amateurs, dont Pierre Valette de Saint-Martin, qui jouait des cymbales et de la grosse caisse. On dansait principalement des danses traditionnelles comme la bourrée, et l'accordéon n'était pas encore devenu l'instrument incontournable des fêtes votives qu'il sera après la seconde guerre mondiale [41]. Le dimanche de la fête était en général l'occasion d'un grand repas de famille, dont les membres venaient parfois de loin pour participer à ces réjouissances. On y mangeait alors de la viande, la tradition étant de préparer un pot-au-feu et une poule farcie. Dans les jours qui

---

[30] Emplacement 10 sur le plan du Bourg p. 5.

précédaient, un boucher promenait un bœuf dans le village, qui était ensuite abattu, découpé et vendu, le boucher s'installant dans une maison du Bourg. Et même si dans beaucoup de familles l'on ne mangeait encore de la viande de boucherie qu'à l'occasion de la fête ou des grands événements familiaux, on a toujours « mangé à sa faim » à partir du début du 20e siècle.

Dans ces temps oubliés aujourd'hui, on faisait aussi des « cures » à Sabadel. La source de font-Canolle, située sous le Roc Courbié, avait été découverte en 1860 par les gendarmes. Dans les années 1920, elle était réputée pour ses vertus curatives, et il était courant de s'y rendre lorsqu'on était souffrant. Bien qu'elle soit aujourd'hui tarie, on peut facilement retrouver son emplacement grâce aux travaux de restauration qui avaient été réalisés dans les années 1990 [30].

La principale distraction des hommes en dehors des fêtes annuelles était la chasse. C'était devenu une pratique prisée, à laquelle la quasi-totalité des hommes du village s'adonnait. Bien sûr, on n'avait plus besoin de chasser le loup, dont les derniers spécimens avaient été tués dans le Lot vers 1880 [1]. Et bien entendu, on braconnait encore, sans être d'ailleurs particulièrement pourchassé par les gendarmes qui, il est vrai, étaient maintenant moins présents à Sabadel après le déménagement de la gendarmerie [15]. On chassait surtout le petit gibier toujours abondant, puisque le chevreuil n'était pas présent dans la région dans cet entre-deux-guerres. Les sangliers étaient quant à eux réapparus, mais n'étaient pas chassés pour être consommés jusqu'à ce qu'un sabadellois un peu malin fasse parler de lui dans le journal. En février 1920, M. Cabessut, le chiffonnier de Sabadel qui était en tournée au Viarnès à Cabrerets, rencontra une superbe laie sur la route. Comme il était porteur de son fusil, il fit feu sur la bête et l'abattit. Elle pesait 100 kilos. En homme pratique, l'heureux chasseur ne s'est pas contenté de faire sa déclaration à la mairie de Cabrerets, pour toucher la prime à laquelle il avait droit. Il a dépecé l'animal, l'a préparé de la même façon qu'un cochon et a obtenu, affirma-t-il, *une fonte* parfaite. Le pâté-froid, notamment était délicieux. « *Heureux chasseur. Par ce temps de vie chère, si la façon de procéder de M. Cabessut se généralisait, abattre un sanglier serait réaliser un bon bénéfice* » [24]. Le chiffonnier de Sabadel venait tout simplement d'inventer la consommation de sanglier dans le Lot ! Dix ans plus tard, les sangliers qui étaient de plus en plus communs étaient couramment chassés par l'instituteur Capoulade et ses compagnons.

Qui dit chasse dit aussi chiens ! L'une des fiertés de quelques chasseurs du village était d'aller présenter leurs chiens dans les expositions canines de Cahors. Chaque année entre 1922 et 1925, un chien de Sabadel y fut primé.

**Chasseurs vers 1950. De gauche à droite : Roger Delsériès,
Théophile Capoulade, Albert Carnajac, Louis Couderc**

L'agriculture

L'agriculture n'était pas encore mécanisée à Sabadel et dans les villages voisins pendant l'entre-deux-guerres, et on travaillait encore durement dans les champs « *de l'étoile du matin à l'étoile du soir* » [45]. Comme dans la plupart des domaines qui se modernisaient (sauf dans le cas de l'éducation), Sabadel aurait environ un quart de siècle de retard pour franchir le pas de la mécanisation. Alors qu'à Balazuc, un petit village de l'Ardèche comparable à Sabadel, il y avait déjà 5 tracteurs en 1930 [6], il faudra attendre 20 ans de plus pour entendre vrombir le premier engin de Sabadel. Des machines agricoles ont néanmoins commencé à être utilisées dans cette période, vendues en particulier par le forgeron Rouchayroles. Dans les années 1925-1930, il avait placé devant son atelier une bineuse à traction animale, composée d'un cadre réglable en largeur, armé de 5 socs, deux mancherons, et une roue de jauge. Une merveille pour l'époque ! Cet engin devait révolutionner l'entretien des cultures. A sa vue, un journalier de Sabadel s'insurgea et s'exclama « *Nom de Dieu, voilà, avec cet outil on ne trouvera plus à aller faire une journée de sarclage ou de binage !* ». Il avait compris que les temps allaient changer [26]. Ces machines étaient attelées à des bœufs, qu'on préférait aux chevaux dont le pas était trop rapide pour les sols inégaux et caillouteux des Causses [15]. Le charpentier de Ferrasse avait quant à lui préféré un âne pour tirer sa charrette.

Le forgeron Rouchayroles et ses machines agricoles au Pont vers 1935

Bœufs attelés à une moissonneuse-lieuse

On battait à la machine à vapeur, possédée et conduite par un entrepreneur de Cras, Vers ou Cabrerets, qui chacun avait son secteur d'activité. La machine restait environ un mois sur son secteur pour parcourir toutes les fermes. Il fallait « *3 hommes sur la batteuse, 2 aux sacs, il fallait bien être 2 à la paille et 2 sur le gerbier, et une personne pour nettoyer les balles qui sortaient de l'autre côté* », soit 10 à 12 personnes. « *Quand les gerbes étaient faites à la main, eh bien elles pesaient ! Quand il y a eu les lieuses, ça allait bien* » [15]. Comme tout le monde avait au moins une petite exploitation, y compris des artisans ou commerçants, on pouvait ne battre que 2 heures sur les plus réduites, jusqu'à 1 ou 2 jours pour les plus grosses fermes. Dans les petites fermes accessibles seulement par des chemins, on ne pouvait utiliser que de petites machines tirées par des bœufs, mais dans le bourg ou les gros hameaux on utilisait des machines plus grosses qui effectuaient le travail plus rapidement. Tous les travailleurs mangeaient ensemble à midi et 4 heures, mais on ne soupait en commun que dans les grandes fermes où le travail durait plusieurs jours. Malgré tout, il arrivait encore qu'on batte au fléau en dehors des périodes de battage collectif pour des besoins ponctuels de farine. Les aires de battage étaient « embousées » à l'ancienne avec des balais en buis vert pour qu'ils soit souples. On préparait ainsi un sac d'environ 60 kg de grain qu'on portait au meunier, qui pratiquait l'échange blé-pain [15]. Pour chaque quintal de blé que le fermier portait au meunier, celui-ci donnait 60 kg de farine au boulanger, qui restituait 110 % du poids (66 kg) sous forme de bons de pain utilisables selon les besoins de l'agriculteur dans le courant de l'année. Le boulanger Delsériès[31] ne travaillait à cette époque que pour Sabadel, ne faisant qu'une fournée tous les deux jours, car beaucoup de familles avaient toujours leur four et produisaient leur propre pain. Puis au fil des années, les conditions de l'échange sont devenues moins intéressantes, le meunier ne donnant plus que 40% en retour. L'échange blé-pain a néanmoins été pratiqué jusque vers 1975-1980. La fabrication familiale du pain a également cessé vers 1980 [26]. Pour faire son pain soi-même, on portait aussi son grain au meunier, qui en prélevait une partie pour sa rémunération. Comme il rendait le blé moulu avec le son, il fallait tamiser à la ferme pour séparer le son, destiné à l'alimentation des animaux, et la farine pour le pain. Si au contraire le meunier tamisait lui-même, il gardait plus de grain. Et comme le chauffage du four de la ferme était long et consommait beaucoup de bois, on cuisait le pain tous les 15 à 20 jours, en gardant souvent une tourte pour les plus pauvres. La préparation d'une fournée d'une douzaine de tourtes prenait une journée [15].

---

[31] Emplacement 11 sur le plan du Bourg p. 5.

Four à pain restauré de la ferme du Gruat

Buttoir en métal utilisé jusque vers 1970, retrouvé dans un roncier de Sabadel

Les rendements de l'agriculture avaient progressé, mais restaient très inférieurs à ceux des régions du nord de la France. On produisait en moyenne 8,8 quintaux de blé à l'hectare dans le Lot, sans doute moins à Sabadel, pour 22 à Paris et 31 dans le Nord de la France [44]. Si on ajoute à cela les effets de la crise de 1929 qui firent baisser les prix agricoles d'un tiers [35], les paysans de Sabadel ne pouvaient guère espérer vivre dans l'opulence. Heureusement, les vieilles habitudes de l'économie de subsistance permettaient de pourvoir aux besoins essentiels. Certains d'ailleurs, en particulier des femmes âgées veuves ou célibataires, vivaient de manière presque autonome de leur propre petite production. Après la mort en 1925 de son oncle curé à Lauzès dont elle était la bonne, l'une d'elles travaillait un champ en face du presbytère qu'elle faisait labourer pour cultiver ses légumes. Elle élevait aussi quelques volailles et deux chèvres, avec le lait desquelles elle faisait des fromages qu'elle vendait à un producteur de Sabadel [15]. Une autre, qui habitait Ferrasse, allait à pied jusqu'à Cahors pour vendre sa maigre production de quelques œufs ou poules. Les propriétaires de la « maison Rives », lorsqu'ils étaient présents (la maison est résidence secondaire depuis 1928 [8]), lui achetaient tous ses produits pour lui éviter cet harassant trajet [8].

C'est seulement après la Grande Guerre que le billet de banque devint le moyen de paiement courant dans les campagnes, et que le recours aux banques commença à se généraliser [35]. On commençait donc à payer en espèces les baux de fermage, mais beaucoup y préféraient encore les paiements en nature. Ce pouvaient être des canards gras aussi bien qu'une part de récolte [39]. Dans les années d'avant la seconde guerre, les agriculteurs qui exploitaient les terres de la famille Lauriac (« maison Rives ») invitaient chaque année leur propriétaire au moment des moissons pour le partage de la récolte. La part revenant à la famille Lauriac était pour partie vendue au meunier de Guillot, et pour partie utilisée en échange blé-pain [8].

Comme les cultures de rapport de lin et de chanvre ne furent plus subventionnées à partir de 1922 [24], elles laissèrent définitivement la place au tabac pour fournir des revenus aux agriculteurs. En 1913, Gustave Bastide, maire de Sabadel, était devenu expert des tabacs en remplaçant dans cette fonction Louis Massip. Le fait que deux édiles municipaux occupent successivement ce poste en montre bien l'importance stratégique ; il donnait à Sabadel un pouvoir d'influence sur cette activité agricole dans le canton. L'implication de Gustave Bastide semble avoir été de plus en plus grande au cours du temps. Il se rendit en 1922 au congrès national de Strasbourg pour y représenter la 3ème région de la Fédération des planteurs de tabac du Lot, composée des cantons de Lauzès, Lalbenque et Limogne. En 1941, on le voit présider une conférence d'encouragement à la culture du tabac, où l'on présentait les aides sous forme d'avances pécuniaires qui pouvaient être accordées aux nouveaux déclarants pour faciliter leur accès à cette culture [24].

A côté du tabac, la vente des bestiaux pouvait aussi constituer un revenu pour les fermes. Ils étaient vendus directement aux bouchers qui abattaient eux-mêmes dans des abattoirs, en particulier ceux de Lauzès et Cabrerets.

La rubrique des faits divers des journaux relatait toujours le cas d'incendies de granges, mais aussi parfois d'habitations, feux qui étaient souvent causés par la foudre. Une nuit de novembre 1929 par exemple, la famille Dajean du Vercat échappa de peu au feu, perdant tous ses biens et ne sauvant qu'une faible partie d'une grosse récolte de blé et de maïs [46]. De tels évènements marquaient tellement les esprits que certains continuaient à poser des bouteilles d'eau bénite en haut des cheminées, censées protéger la maison de la foudre [12]. Bien plus tard, dans les années 1980, le fermier de la ferme de Ferrasse restait éveillé les nuits d'orage, de crainte que la foudre n'enflamme la grange attenante à sa maison.

La ferme au Pont vers 1935

Les commerces de l'entre-deux-guerres

Immédiatement après la Grande Guerre, on retrouvait dans Sabadel les mêmes commerces qui s'étaient installés dans les années du changement de siècle, mais beaucoup vont progressivement disparaitre avant ou immédiatement après la seconde guerre mondiale. Les années 1920-1930 vont toutefois voir naitre deux épiceries qui vont marquer l'après guerre, et dont l'une, l'épicerie Vinnac, sera au centre de la vie sabadelloise jusqu'en 1985.

Marius Régis, dont on a vu qu'il était né en Uruguay, était chef cantonnier à Lauzès. Sa femme Clotilde reprit en 1926 l'épicerie autrefois fondée par Julie Saillens. On y vendait toujours les désormais traditionnelles denrées non périssables essentielles telles que pâtes, sel, sucre, chocolat, café, huile, et aussi des bonbons qui avaient beaucoup de succès auprès des nombreux enfants de la commune. Au-delà de l'anecdote, cette nouveauté révélait que certains pouvaient dorénavant offrir à leurs enfants des petits plaisirs non indispensables. Les familles assuraient en général leurs propres besoins en denrées périssables, légumes ou viande de volaille et de porc, qui étaient produits dans les fermes. On utilisait alors de la graisse de porc ou de canard pour la cuisine, le beurre n'étant arrivé qu'après 1945. A côté de ces denrées alimentaires, on trouvait à l'épicerie des produits destinés aux agriculteurs comme des barres de soufre pour nettoyer les barriques et du soufre en poudre contre le mildiou. Le commerce était ouvert 7 jours sur 7, même si peu de clients se présentaient chaque jour. Et comme l'épicerie était proche de l'église, le jour de grande affluence était toujours le dimanche ! Quant aux heures d'ouverture, elles étaient plutôt flexibles. Clotilde Régis était fréquemment dérangée à l'heure du dîner lorsqu'une ménagère étourdie s'apercevait à la tombée de la nuit qu'elle n'avait plus de pétrole lampant pour l'éclairage [25]. Les lampes à pétrole avaient remplacé après 1870 la lampe à huile (*lé calel*), souvent alimentée à l'huile de noix. Il y avait d'ailleurs toujours vers 1925 un pressoir à huile de noix à Malagorse. Il était mis en œuvre par « *un petit monsieur avec un tricycle et un canotier noir qui s'appelait Ségala, et qu'on surnommait Segalatou en patois* » [15].

Un unique représentant passait régulièrement prendre les commandes pour tous les produits vendus à l'épicerie Régis, et livrait en camion quelques jours plus tard. Une ou deux fois par an, un marchand de faïence de Figeac passait aussi pour approvisionner le magasin en vaisselle. Comme du temps de l'épicerie Saillens, un livre de compte était soigneusement tenu en attendant la régularisation des paiements, qui intervenaient encore souvent après les récoltes. L'épicerie Régis fut par la suite transféré dans une maison située entre l'ancienne école des filles et la maison Rives[32], où elle disposa de plus de place et put prospérer jusqu'à la fin de son activité en 1953. Les livres de compte furent alors détruits par discrétion, pour que nul ne put savoir qui avait « laissé une ardoise » [25].

---

[32] Emplacement 8 sur le plan du Bourg p. 5.

**L'épicerie Régis dans ses nouveaux locaux, vers 1940.
La maison en arrière-plan a été démolie quelques années plus tard**

Les commerces d'épicerie étaient en vogue dans les années 1920 puisque Sully Delsériès, qui avait hérité d'une maison au Pont en 1919, avait converti la draperie qui y existait en une épicerie. Il allait chercher les marchandises à Cahors avec son cheval Fantin attelé à une carriole, ce qui devait bien lui prendre la journée entière [30]. Il lui arriva une mésaventure un jour de 1920 alors qu'il revenait de la foire d'Assier en compagnie de deux amis de Sabadel. Ils furent assaillis par des brigands qui voulaient leur voler leur argent. En fouettant le cheval pendant qu'ils décrochaient les malfaiteurs de leur carriole, ils s'en tirèrent sans dommage mais avec une histoire à raconter à leurs descendants, qui a été transmise jusqu'à nos jours et qui démontre que cheminer dans les campagnes en ce début de siècle n'était pas si sûr ! [30].

C'est aussi dans les années 1920 que Basile Vinnac fonda son épicerie. Il l'installa dans le minuscule local qu'on peut encore voir blotti entre l'épicerie de 1965[33] et la maison située au bas du chemin de la Caminade (photo ci-contre). Cette petite échoppe devint plus tard l'atelier de l'horloger Magot [47]. Concurrente de l'épicerie Régis dans le Bourg, on y trouvait les mêmes produits, mais aussi les mêmes clients qui avaient pour principe de se comporter équitablement avec les deux commerces. On verra plus loin que ce commerce se développa après la guerre de 1939-1945.

Dans cette première moitié de 20e siècle, on prenait de plus en plus l'habitude d'aller faire ses achats en dehors de la commune. La proximité de Lauzès, dont le statut de chef-lieu de Canton favorisait l'attractivité, permettait de trouver une variété de services et de produits à quelques dizaines de minutes de marche. La foire qui s'y

---

[33] Emplacement 13 sur le plan du Bourg p. 5.

tenait le 5 de chaque mois ainsi que le 28 avril et le 20 mai attirait autant les ménagères, avec ses nombreux étals d'alimentation, de vêtements et de quincaillerie, que les agriculteurs qui y trouvaient une belle foire aux bestiaux. Le marché aux brebis qui se tenait à l'emplacement de l'actuelle salle des fêtes, celui des porcs près de l'ancienne gendarmerie, celui des bovins sur la place du bas du village étaient les lieux de tractation et de marchandage des agriculteurs, qui se racontaient par la même occasion les nouvelles du pays, à grand renfort d'exclamations et de rires. C'était aussi l'occasion d'aller s'offrir un verre dans l'un des trois restaurants, et d'y déjeuner pour ceux qui en avaient les moyens. En dehors des jours de foire, on trouvait à Lauzès tous les commerces indispensables. Dans les années autour de la seconde guerre mondiale, il y avait deux épiceries, deux ou trois mécaniciens, un boulanger, une boucherie-charcuterie, et des commerces de quincaillerie, mercerie, chaussures, chapeaux. Un marchand de cycles et d'articles de chasse complétait l'offre. Tous ces commerces, à l'exception de la boulangerie, disparaitront entre 1960 et 1980, tout comme la foire qui s'est tenue jusque vers 1962. A cette époque où il n'y avait déjà plus de foire aux bestiaux, un agriculteur du village nostalgique des temps anciens sortait ce jour là son troupeau sur la place pour compenser cette absence qui le désolait [39].

La première épicerie Vinnac, devenue atelier d'horloger dans les années 1960

Les vrais débuts de la modernisation

On peut considérer que la modernisation des petits villages ruraux commence vraiment en 1920, lorsque l'État lance une vaste opération d'électrification des campagnes. Son financement fut soutenu à partir de 1923 par le Crédit Agricole. Sabadel, comme souvent, ne sera pas en avance sur ce progrès, puisque la première installation électrique fut réalisée en 1933, alors que près de 90% des communes rurales du pays étaient déjà électrifiées.

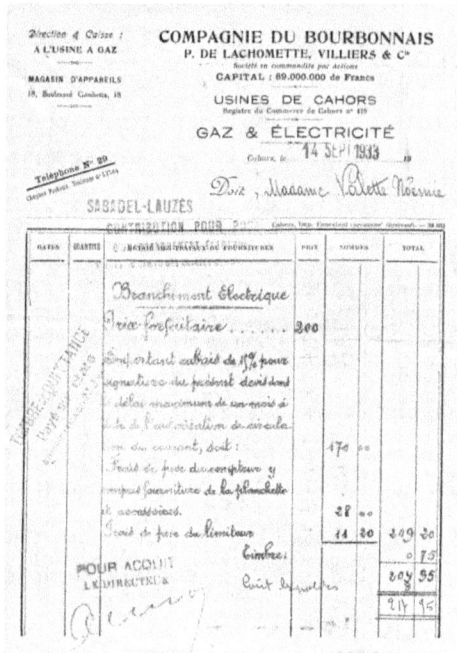

Une des premières factures d'installation électrique de Sabadel

Les besoins en électricité étaient à cette époque essentiellement limités à l'éclairage. C'est pourquoi l'installation électrique domestique décrite dans une des premières factures (ci-contre) nous parait aujourd'hui dérisoire : en 1933, dans la maison des Valette, une entreprise électrique de Figeac installa une lampe dans chaque pièce et une unique prise de courant dans la cuisine, pour un coût de 578 francs [41].

L'électricité permettra de voir arriver dans les années 1940 les premiers postes de TSF, dont le déploiement avait commencé en 1923. Des particuliers avaient alors installé les premiers postes à Larroque des Arcs et Cahors.

Une autre révolution, qui bouleversera progressivement la vie des campagnes, surgit à Sabadel dans les années 1930 : l'arrivée des premières automobiles. Le débat pour savoir qui a possédé le premier véhicule motorisé à Sabadel reste encore ouvert aujourd'hui, mais la première auto qu'on y ait vu circuler est sans doute la superbe Torpédo Sizaire-Naudin 13 cv de Camille Saillens. Bien qu'il habitât à Cahors à cette époque, il la mit en vente à Sabadel dans une annonce parue dans le *Journal du Lot le* 4 septembre 1927 [24]. Dans les années 1930, les premiers habitants de Sabadel à posséder un véhicule furent le maire Alithe Rouchayroles, le curé Pouget et l'instituteur Capoulade. Il semble que tous aient opté pour le même modèle, une 5 cv Citroën, avec son drôle d'arrière en pointe dans lequel on pouvait mettre les enfants !

Avec les automobiles sont arrivés le code de la route et le permis de conduire, mais pas encore les auto-écoles. On apprenait donc à conduire comme on pouvait avant d'aller « passer son permis ». En 1934, le cantonnier Marius Régis s'est ainsi rendu à Cahors avec sa propre voiture achetée d'occasion pour obtenir son permis. Encore une Trèfle ! Il avait appris à conduire avec le chauffeur d'un camion qui intervenait pour les gros travaux de voirie du canton. Inévitablement, les premiers procès-verbaux dressés par les gendarmes sont eux aussi apparus. Dans ces temps impitoyables, les amendes étaient particulièrement douloureuses : non seulement fallait-il payer sa contravention, mais il fallait aussi assumer la honte de voir son cas systématiquement et nommément rapporté par les journaux ! Les correspondants locaux se faisaient un plaisir de signaler ces événements, qualifiant même les responsables de délinquants ! Au fil des pages des périodiques des années 1930, on apprend donc que Untel s'est fait verbaliser pour avoir fait paitre deux vaches et un âne sur la route, ou que tel autre n'avait pas de rétroviseur... Les Cabessut, chiffonniers de Sabadel qui faisaient la tournée des fermes pour acheter les peaux de lapin, étaient des habitués de cette rubrique de faits divers, verbalisés par exemple trois fois par les gendarmes en l'espace de quelques mois.

La 5 cv Citroën dite « Trèfle »

Avec l'automobile sont aussi apparus de nouveaux services apportés aux communes de campagne. La poste automobile rurale a été mise en place en 1930. Elle partait de la gare de Vers à 8h30 le matin et arrivait à Lauzès à midi, avec un chemin en sens inverse le soir, afin que les correspondances pour Cahors et Paris puissent être assurées pour les voyageurs et le courrier. Elle desservait sur son parcours toutes les communes du Canton [24].

Permis de conduire du maire
de Sabadel, 1938

1914-1945 : De dignes successeurs à l'école de Sabadel

Après le travail remarquable réalisé par l'instituteur Vidal dans les années 1870-1900 et la construction de la nouvelle école communale, l'école de Sabadel entra dans sa période de maturité et eut la chance, au fil des décennies, d'accueillir des instituteurs dignes du titre de « Hussards de la République » cher à Charles Péguy. Tous ceux qui habitent toujours Sabadel et sont passés entre leurs mains en chantent encore les louanges. Beaucoup d'entre eux restèrent en poste très longtemps à Sabadel, y éduquant des générations entières d'enfants.

Classe des garçons		Classe des filles	
Vers 1840-1871	Jean-Pierre Vidal		
		1852	Sœur Agnès Réveillac
1871-1906	Jean-François Vidal		
		Vers 1886	Victorine Counord
		1888-1892	Valérie Marcouly
		1892-	Marie Rigal
		Vers 1896	Marie Bastide
1906-1909	M. Delpech		
1909-1941	Théophile Capoulade		
		1916	Melle Calvet
		1917	Noëlie Delpech
		1918	Mme Coulon
		1919-1941	Mme Capoulade
1941-	René Léonard	1941-	Yvonne Sindou

Les instituteurs et institutrices de Sabadel de 1840 à la seconde guerre mondiale

C'est Monsieur Delpech qui succéda à Jean-François Vidal en 1906, mais il ne resta que 3 ans à Sabadel avant que Théophile Capoulade ne s'installe pour de longues années. Celui-ci rencontra sa collègue mademoiselle Piguet, institutrice à Lauzès, qu'il épousa en 1910, et qui obtiendra sa mutation à Sabadel en 1919. Le couple Capoulade, instituteurs respectés de tous, animera l'école jusqu'en 1941. Pendant cette longue période, les méthodes évoluèrent. Ce n'est par exemple qu'en 1924 que l'enseignement féminin fut aligné sur l'enseignement masculin [35]. Les instituteurs n'apprenaient alors plus seulement aux élèves à lire, écrire et compter, mais leur proposaient des activités qu'on ne qualifiait pas encore de culturelles. La plus prisée semble avoir été la représentation de saynètes, dont le *Journal du Lot* fait de savoureuses descriptions dans plusieurs parutions, dont celle du 16 mars 1921 reproduite ci-dessous [24].

> « *Soirée récréative. — Sous la direction de Mme et M. Capoulade nos si sympathiques instituteurs, les élèves des écoles de filles, de garçons et les adultes ont donné dimanche et jeudi derniers une fête récréative.*
> *C'est dans l'école de garçons où le décor avait été artistement préparé, que matinées et soirées ont été données.*
> *La séance commença par le chant* « Au Drapeau » *chanté par trois fillettes et deux jeunes garçons, qui furent applaudis par la salle entière. Puis,* Madame le Ministre *et la* Berceuse Bretonne *charmantes et gracieuses dans leur costume l'une d'avocate, l'autre de berceuse, nous tinrent pendant quelques instants sous le charme de leur voix. Les* Trois coquettes *s'acquittèrent très bien de leur rôle. Le* Pâtissier et le ramoneur *interprétèrent leur rôle avec beaucoup de finesse et d'intelligence.* Luzon en chemin de fer *fut admirable et pleine d'entrain.*
> Les Bons motifs *et le* Bon gendarme *furent deux scènes comiques militaires interprétées par les jeunes gens auxquels le public ne ménagea pas les applaudissements.*
> La Meunière du moulin joli, *pièce en 3 actes interprétée par les jeunes filles de Sabadel qui s'acquittèrent très bien de leur rôle, et furent toutes gracieuses et pleines de distinction dans les costumes anciens, rappelant nos aïeules.* Le plus savant du village *et le* Meunier du moulin joli *fut interprété par M. Elie Cabessut qui a un vrai talent de diseur et surtout de comique.* La Marseillaise *chantée en chœur par tous ces artistes improvisés clôtura cette fête scolaire.*
> *Nous sommes sûrement l'interprète des habitants de Sabadel et des communes voisines en félicitant les élèves des écoles, les adultes, Mme et M. Capoulade de la bonne soirée qu'ils nous ont fait passer. En organisant cette fête scolaire Mme et M. Capoulade n'ont pensé qu'à être agréables au public; leur but est atteint, ils peuvent en être pleinement assurés.*
> *Encore une fois à tous et à toutes, nos sincères félicitations* ».

La richesse du programme et le temps qu'il a nécessairement fallu consacrer à sa préparation et aux répétitions nous permettent de mesurer la dévotion des enseignants de l'époque. La connotation républicaine d'une partie de ce spectacle, avec la Marseillaise chantée en chœur, n'est évidemment pas innocente. Il fallait affirmer la présence de la République dans les villages où les curés, tant qu'il y en eut, furent eux aussi très présents auprès des enfants. Cette attention des enseignants concernait aussi les adultes puisque, suivant la tradition initiée par l'instituteur Vidal, Monsieur Capoulade leur donnait des cours le jeudi et le dimanche à 13 heures. Théophile Capoulade réussit même à obtenir en 1924, par l'entremise du député du Lot Delmas, un projecteur de cinéma Pathé offert par le ministère de l'instruction publique. Quant à Madame Capoulade, elle mettait ses talents de très bonne musicienne au service de l'animation des fêtes scolaires. Théophile Capoulade, fut distingué en 1935 pour son travail, en étant nommé membre correspondant de la Société des Etudes du Lot et officier d'Académie.

Théophile Capoulade et sa classe de garçons en 1920

Les parents des enfants nés dans l'entre-deux-guerres parlaient en général toujours le patois chez eux, de telle sorte que quelques enfants de cette génération n'ont appris le français qu'une fois à l'école. Le maître ou la maîtresse demandait même parfois aux ainés de certaines familles d'apprendre le français à leurs frères et sœurs [36].

A l'issue de leur carrière, les époux Capoulade vécurent dans la Caserne de Sabadel de 1941 à 1947. C'est donc pendant la guerre que René Léonard et Yvonne Sindou prirent la succession à la rentrée de 1941. Aussi dévoué que ses prédécesseurs, Monsieur Léonard assurait en plus de son service l'enseignement agricole aux adultes de Tour de Faure et des communes environnantes pendant la guerre. Il a aussi maintenu la tradition des instituteurs musiciens du village puisqu'il jouait souvent de la guitare pour ses élèves avant la classe [36]. Les anciens de Sabadel se rappellent aussi à son propos que, comme il était très petit, il avait coutume de dire à ses élèves « *qui grand est bête, petit dégourdi* » [36]. Il reprit la tradition des représentations théâtrales qui pouvaient réunir un grand nombre d'acteurs sous le préau de l'école, comme le montre cette photographie de 1944 qui regroupe environ 25 enfants et adolescents déguisés pour une représentation intitulée « Monsieur Dumolet », faisant référence à la chanson célèbre à l'époque *Bon voyage monsieur Dumolet* d'un auteur un peu oublié aujourd'hui, Marc-Antoine-Madeleine Désaugiers.

Représentation de Monsieur Dumolet, 1944

La seconde guerre mondiale

L'histoire se répétait. Le 2 septembre 1939, les sabadellois apprirent la proclamation de la mobilisation générale. En une semaine, 5 millions de Français allaient se retrouver sous les drapeaux, et certains allaient passer la plus grande partie du temps de la guerre dans des camps de prisonniers. Bien que cette période sombre ne soit pas si ancienne, peu d'échos de cette époque sur ceux qui sont partis de Sabadel ou sur la vie de ceux qui y sont restés nous sont parvenus. Les plus anciens du village disent aujourd'hui que leurs parents n'avaient pas pour habitude de leur parler des temps anciens, et ne leur ont donc pas raconté cette période. Il semble aussi que nul n'ait conservé d'écrits, comme par exemple des lettres de prisonniers. Heureusement, certains ont tout de même quelques histoires personnelles à raconter.

Louis Couderc, mobilisé et résistant

Louis Couderc fut mobilisé à Toulouse à l'âge de 29 ans, et reçut un fusil Lebel et trois cartouches. Transféré dans le Pas de Calais, son régiment fut désarmé à l'occasion d'une revue d'armes. C'est donc armé de son seul couteau de poche que Louis, devenu aide cuisinier au mess des officiers, reçut l'ordre de se porter au nord de la Belgique pour y arrêter les allemands lors de l'invasion de mai 1940. Non armé, le régiment dut rapidement se replier et d'étape en étape arriva à Domme, en Dordogne, ignorant que l'armistice avait été signé depuis une dizaine de jours. Louis rejoignit la ferme familiale du Gruat. Plus tard, peu de temps après son mariage en 1942, il rejoignit le maquis de Vialoles qui n'était armé que d'un unique fusil-mitrailleur, commandé par le docteur Juben. Il avait pour compagnon d'autres sabadellois, Raoul Bastide, Maurice Vinnac, Albert Doher et Jean Manserat, un réfugié espagnol de Sabadel. Le commandant ordonna plus tard la dissolution du maquis à la suite de son survol à basse altitude par un avion allemand. Chacun dut se cacher plusieurs jours avant d'être sûr d'échapper au danger. En février 1944, Louis fut arrêté par la Gestapo à Lagrézette, ligoté, menacé, maltraité, puis, comme il ne livrait aucune information, on lui annonça son transfert au siège de la Gestapo de Toulouse. Profitant d'un moment d'inattention de ses geôliers, Louis réussit à s'enfuir à travers bois et se cacha à Sahuès avant de rejoindre le Gruat [26].

Un autre maquisard, René Cabessut, fut la seule victime de Sabadel pendant cette guerre. Il mourut accidentellement le 17 octobre 1943 alors qu'il revenait de Cahors sur un camion à la suite d'une opération du maquis [40].

Les prisonniers

On ne sait pas précisément combien de sabadellois furent faits prisonniers, ou partirent éventuellement en Allemagne après la mise en place du STO (Service du travail obligatoire) imposée par l'Allemagne nazie au gouvernement de Vichy. Charles Combelles et Louis Coldefy furent faits prisonniers au moment de l'offensive allemande de mai 1940 et eurent la chance, si on ose s'exprimer ainsi, de ne passer que 17 mois dans un camp de prisonniers [36]. Ils rentrèrent au pays en novembre 1941. Armand Magot fut absent beaucoup plus longtemps, détenu pour travailler dans une ferme en Allemagne pour le reste du conflit. A la fin de la guerre, il traversa l'Allemagne à pied pour son retour au pays.

La vie à Sabadel en temps de guerre

Pendant ce temps, les femmes ont assuré le fonctionnement des fermes avec ceux qui étaient trop vieux pour avoir été mobilisés. Malgré leurs difficultés, les réquisitions et les pénuries qui s'amplifièrent au fil des années, elles envoyaient régulièrement des colis aux prisonniers. Le système mis en place reflétait le sens de l'organisation germanique. Les prisonniers recevaient 2 étiquettes par mois, qu'ils envoyaient à leur famille pour l'expédition des colis. Certains des paquets, qui étaient ouverts et fouillés à l'arrivée, tardaient à parvenir aux destinataires, et les denrées périssables étaient perdues. Les prisonniers pouvaient aussi correspondre avec leur famille sur des formulaires qui n'autorisaient qu'une dizaine de lignes ; ils partaient des prisonniers qui y rédigeaient leur message, et incluaient juste la place nécessaire pour la réponse, qui était régulièrement censurée [15].

Des soldats français ont été hébergés à Sabadel après la débâcle de 1940 et leur démobilisation, dont un Monsieur Leclair qui fut avec plusieurs camarades le locataire de Madame Valette dans le bourg, et qui la remercia chaleureusement dans une lettre de vœux pour l'année 1942 [41]. La maison Rives, résidence secondaire des Lauriac où ils étaient restés pendant la guerre, a été en partie réquisitionnée pour loger 2 officiers français et leur intendance [8].

Après que les Allemands eurent envahi la zone sud à partir du 11 novembre 1942, les réquisitions de denrées alimentaires devinrent de plus en plus difficiles à supporter, et il a bien fallu se débrouiller pour survivre. Si des bruits de marché noir ont couru, rien ne les atteste. Mais certains ont gardé la mémoire d'actes a priori répréhensibles, bien excusables aujourd'hui. Malgré l'interdiction de détenir des armes, de nombreux chasseurs avaient caché leur fusil qui leur permettait d'améliorer l'ordinaire, d'autant plus facilement qu'on a peu vu l'ennemi à Sabadel. C'est ainsi qu'un gros sanglier a été tué à la Borie Basse et discrètement transformé en daubes et pâtés [39]. Comme le pain était rationné et que l'on ne pouvait plus moudre à la ferme les 450 kilos de blé auparavant autorisés, certains villageois allaient moudre le blé clandestinement la nuit. Un sabadellois et son compère se sont ainsi fait prendre par les gendarmes, et auraient dû se faire confisquer toute la marchandise. Mais comme l'un d'entre eux avait 5 enfants, les gendarmes surent se montrer magnanimes et fermèrent les yeux [26]. Un autre moyen de s'en sortir pouvait être de faire du troc avec les tickets de rationnement : on échangeait par exemple des tickets de chocolat contre du café. Certains, enfants à l'époque, le reprocheraient presque encore à leurs parents ! [39]. Mais même si ce tableau peut apparaitre noir, tous ceux qui ont connu cette époque s'accordent pour dire qu'ils n'ont pas trop souffert de ces pénuries, certainement beaucoup moins que les citadins.

Les interdictions de circulation et l'arrêt de certains services ont à nouveau enfermé les habitants de Sabadel dans leur village. Dans les premiers mois de la guerre, les services automobiles pour le courrier et les voyageurs ont été interrompus, privant les habitants du canton de correspondance et de toute possibilité de se faire transporter à Vers ou Cahors.

Florence Malraux à l'école de Sabadel

Pendant quatre mois à partir de septembre 1939, Madame Capoulade reçut dans sa classe deux élèves un peu frondeuses qui suivaient incognito son enseignement. Elles avaient pour nom Florence Malraux et Axelle Candie. André Malraux avait en effet mis sa famille à l'abri dans le Lot et Clara Malraux-Goldschmitt, son épouse, a raconté cet épisode dans son livre *La Fin et le Commencement* : « ... *je décidai de trouver dans le Lot, pour Flo, de provisoires parents, physiquement et intellectuellement nourriciers. Sur quoi, l'école de Sabadel à trente kilomètres de Cahors devint son foyer pour quelques mois, et l'institutrice et l'instituteur du lieu, « Tati et Tonton ». Du séjour dans ce bourg elle a gardé d'excellents souvenirs, celui, entre autres, d'avoir découvert la joie de tyranniser les enfants du village qui, pour s'assurer les bonnes grâces de celle qu'ils croyaient être la nièce des enseignants, la traitaient en jeune princesse* » [48]. On raconte encore aujourd'hui que Florence Malraux acceptait mal les remontrances de son institutrice, rétorquant quand on la reprenait « *On n'apprend pas à Florence Malraux comment il faut écrire* » ! [8].

Passage de la division Das Reich *à Sabadel*

Le 8 juin 1944, le maréchal von Rundstedt, commandant en chef du front de l'Ouest, ordonne à la division *Das Reich* stationnée dans la région toulousaine de se porter en Normandie le plus rapidement possible. Comme sa mission principale est d'aider à « la lutte contre le terrorisme », elle doit en remontant vers le nord mener des actions d'envergure contre « les bandes » dans le sud de la France. Alors que les parties mobiles de la division empruntent les axes principaux ou sont transportés par le train, des bataillons effectuent des opérations de nettoyage des maquis. En chemin, ils visitent les villages et arrêtent les suspects qui seront déportés, ou les exécutent [49].

Le 11 juin 1944, une colonne, avec à sa tête le commandant SS Adolph Diekmann arrive à Lauzès et Sabadel. En arrivant au Pont, ils se servent d'abord aux barriques de vin dans la cave du maire, puis appréhendent l'instituteur René Léonard et le garde champêtre, puis le maire Alithe Rouchayroles et le secrétaire de mairie Théophile Capoulade. Les quatre hommes sont transférés à Lacapelette, où une deuxième colonne avec à sa tête le général Lammerding, avait installé son PC opérationnel dans la maison Baras située au bord de la route. Les quatre otages y sont détenus et subissent un long interrogatoire jusqu'en fin de matinée. Ils sont libérés vers midi quand la colonne reprend sa progression après environ cinq heures passées sur la commune.

C'est chez leurs voisins de Lauzès que les sabadellois apprendront les exactions commises lors du passage de la division. Pendant que certains habitants étaient allés se cacher dans les bois en emportant une tourte de pain [39], les SS parcouraient le village, cherchant des maquisard qui avaient été dénoncés par un membre félon du maquis de Cabrerets [50]. Trois personnes furent exécutées. On raconte que deux femmes furent abattues parce qu'elles appelaient leur chien pour aller garder les brebis. Le chien s'appelait Marquis, les soldats allemands ont compris maquis… [39]. D'autres habitants ont été arrêtés et déportés.

Aucune destruction ne fut commise lors de ce passage des troupes allemandes, ni à Lauzès, ni à Sabadel. La veille de ce jour là, un autre bataillon avait détruit le village d'Oradour sur Glane et massacré 642 personnes.

Cahors fut libéré quelques semaines plus tard, le 18 août 1944, par les forces de résistance locales [35].

La fin de la guerre

Le 8 mai 1945, les enfants les plus grands de l'école de Sabadel sont montés dans le clocher du village pour carillonner avec le sonneur de cloche Raymond Magot [40]. Mais la vie ne reprit pas tout de suite son cours normal. Il fallut attendre encore longtemps le retour de certains prisonniers, et les réquisitions de denrées agricoles ont perduré après la guerre [15].

Groupe de jeunes sabadellois après guerre

5

1945-1989. LES TEMPS MODERNES

Ce qui frappe le plus l'esprit lorsqu'on se retourne sur cette période qui va de la fin de la guerre à la fin des années 1980, c'est l'ampleur de la mutation qui s'est produite. Le monde de Sabadel de 1989 ne ressemble plus du tout à celui de 1945, tous les aspects de la vie du village s'en trouvant bouleversés. D'un monde rural ayant conservé bon nombre de ses traditions, on passe en 40 ans à un mode de vie totalement différent, et à une société qui a parfois du mal à trouver de nouveaux repères après ce bouleversement. C'est dans le domaine des pratiques agricoles que cette évolution va débuter.

Le centre du bourg vers 1950

La mécanisation et la modernisation de l'agriculture

En 1945, la vie des agriculteurs reprit son cours normal, avec les mêmes méthodes que celles employées avant l'interminable conflit. Les techniques agricoles vont néanmoins rapidement commencer à évoluer pour être remplacées, dans la trentaine d'années suivantes, par des moyens qui vont substituer à la force animale ou humaine la puissance des engins mécaniques. La traction, qui était toujours assurée par des animaux dans les années 1940, marquera le début de cette évolution, avec l'apparition des premiers tracteurs. Cette étape de la modernisation de l'agriculture débutait avec tout de même 25 ans de retard sur le reste du pays, puisqu'il y avait déjà 27 000 tracteurs en France en 1929 [17]. Par ailleurs, comme ces premiers engins fonctionnaient à l'essence et avaient des pneus légers, ils ne pouvaient pas se substituer partout aux animaux. Les attelages de bœufs ou de vaches continuèrent donc à être utilisés dans les parcelles les moins accessibles. C'est la ferme Bastide qui s'équipa en 1949 du premier tracteur de la commune, de marque Fergusson.

Un tracteur des années 1960. Ferme Bastide

La marche vers la mécanisation sera progressive, ceux ayant les plus petites exploitations ne franchissant même jamais le pas. C'est ainsi qu'on verra encore des attelages travailler jusque dans les années 1970. A la Croix de Ferrasse, Raymond

Magot a ainsi exploité ses petites parcelles jusqu'à sa retraite, en étant le dernier agriculteur de Sabadel a travailler la terre par les méthodes anciennes. Il utilisait à la fois l'araire en bois à soc métallique et la charrue Brabant selon les besoins, et attelait ses deux vaches à la charrue ou à la charrette à ridelles. Il vivait comme dans sa jeunesse en vendant le tabac, un peu de bois à des marchands ambulants, ou des pommes de terre. La traite des deux vaches était faite à la main, et le lait vendu localement. Des veaux, un cochon tué chaque année, et le poulailler complétaient la production qui assurait les besoins familiaux. Comme la propriété était petite et ne suffisait pas à produire un revenu pour payer les dépenses indispensables, Raymond était aussi employé communal, et fut le dernier carillonneur de Sabadel. Chaque jour de l'année, il sonnait ponctuellement l'Angélus à sept heures, midi et dix-neuf heures, ainsi bien sûr que tous les offices religieux. Mais il se refusait à pratiquer la coutume des villages dans lesquels le sonneur de cloches passait dans les familles chaque année pour recevoir un don [16]. Il dut être remplacé en 1968 par sa femme Madeleine, qui accomplit pendant quelques temps cette tâche très physique après avoir été dûment nommée par arrêté municipal. L'affaire avait beaucoup ému à l'époque : Raymond, alors qu'il gardait ses vaches dans un pré près de l'entrée du village, fut subitement agressé par l'une d'entre elles qui, s'acharnant sur lui, lui causa de multiples fractures. Alors qu'il gisait inanimé dans le champ, un voisin le remarqua et put alerter les secours. Conduit à l'hôpital de Cahors, réparé à l'aide de quelques broches, il se remit finalement de cette aventure peu banale et put reprendre son activité.

Un des derniers attelages de Sabadel, à Ferrasse vers 1960

La survivance des pratiques agricoles anciennes jusque tard dans le siècle fut toutefois une exception. D'une manière générale, les fermes n'avaient guère que le choix de s'équiper ou de disparaitre.

Quelques machines agricoles étaient assez répandues après la guerre, comme les moissonneuses-lieuses qui permettaient à 3 ou 4 voisins seulement de s'entraider pour mettre les gerbes en meules. Les machines à vapeur pour le battage collectif furent quant à elles rapidement remplacées par des machines entraînées par des tracteurs. Le battage durait alors 15 à 20 jours sur la commune de Sabadel, les agriculteurs passant toute cette période ensemble. Le travail, qui débutait vers 6 heures et s'achevait à la tombée de la nuit, était épuisant, en particulier pour les femmes qui y participaient autant que les hommes. Si on songe que les épouses qui contribuaient souvent aux travaux agricoles devaient aussi se charger seules de toutes les tâches ménagères et de l'éducation de leurs enfants parfois nombreux, et que les soins de la basse-cour étaient généralement aussi de leur seul ressort, on peut concevoir à quel point la condition des femmes d'agriculteurs en cette deuxième moitié de 20e siècle était dure à assumer, et on comprend que les candidates à ce sacerdoce se firent de plus en plus rares.

Battage collectif : la batteuse (à g.) et le « plongeon » (à dr.)

Pendant le battage, les repas étaient pris en commun, et on s'amusait le temps du déplacement de la machine de ferme en ferme : on se bombardait avec des prunes sauvages, on s'arrosait, on faisait des courses à pied, on cachait les vélos de certains en haut des arbres... La fraternité et la convivialité étaient un dérivatif au dur labeur. A cette époque, il n'y avait déjà plus de fête organisée à la fin du battage, une tradition qui avait existé auparavant, mais un repas de fin de battage réunissait tous les participants dans chaque ferme le dernier soir de travail. Les moissonneuses-batteuses, dont l'utilisation devint possible grâce à l'agrandissement des parcelles, eurent raison de ces périodes de travail partagé. Le dernier battage collectif à Sabadel a été réalisé en 1966 [26]. Après guerre, une partie de la récolte était encore conservée pour la semence, et triée dans la machine communale localisée en bordure de la route du Bourg (l'actuel gîte communal) en 3 tailles de grain. Les plus gros étaient conservés pour la semence. Chacun entretenait la machine qui avait été achetée par la commune, dont ce fut le seul équipement agricole collectif qu'elle finança [26]. Le gîte avait été rénové grâce à un don de 10 000 F d'Edouard Magot, photographe amateur amoureux de Sabadel qui a laissé de nombreuses images de la vie du village. Outre le trieur de blé, ce bâtiment abritait aussi au milieu du 20e siècle la voiture corbillard hippomobile et au sous-sol, un « travail » pour le ferrage des bovidés [40].

Malgré les progrès de la mécanisation, on avait conservé la mémoire des techniques anciennes, comme en atteste cette belle anecdote : alors qu'une famille sabadelloise de 7 enfants manquait un jour de pain, une parcelle de blé précoce du Mas de Pouchou a été récoltée, et les voisins se sont réunis pour battre les épis au fléau sur des fûts. Le grain a été donné au père de famille pour qu'il le porte au meunier [26]. Beaucoup de tâches furent encore longtemps réalisées manuellement. Une douzaine de personnes se réunissait pendant 8 à 12 jours vers la fin du mois de mai pour planter le tabac et les betteraves au plantoir manuel. Courbés au dessus des sillons, croupe en l'air, planteurs et planteuses compensaient la pénibilité de la tâche par la bonne humeur, à coup d'apostrophes et parfois de gestes un peu lestes. Les repas étaient pris en commun, y compris le rituel goûter de 4 heures et le souper du soir. Dans la journée, pendant la période de plantation du tabac, on prenait les repas dans les champs pour ne pas perdre trop de temps. Cette entraide disparaitra vers 1975, avec l'apparition des machines à planter. Les travaux de labour et de semailles étaient quant à eux faits individuellement. De manière plus anecdotique, deux agriculteurs de Sabadel s'entraidaient chaque année, pour ramasser des châtaignes dans le bois du Ségala. Des châtaigner d'espèces sélectionnées produisant des châtaignes destinées à la vente y avaient été plantées. D'autres vendaient des noix ou des truffes.

Avec un cheptel qui augmentait, la disponibilité en eau pour abreuver les animaux restait une préoccupation constante. Dans les années 1960, on emplissait encore à la pompe à bras de la fontaine de Sabadel des seaux qu'on transvasait dans des tonnes de 1000 à 1500 litres [26]. Ce travail long et pénible donnait lui aussi l'occasion de rencontres dans le Bourg, et on savait encore prendre du temps pour des échanges amicaux. Puis progressivement les tonnes attelées à des tracteurs ont été de plus en plus utilisées, et les longs moments passés à puiser l'eau ont été remplacés par quelques minutes de pompage mécanisé et bruyant.

La ferme de la Croix de Ferrasse, telle qu'elle était de l'après-guerre aux années 80

Une exploitation des années 1960

Avant qu'une transition radicale ne s'accomplisse vers des exploitations de plus grande taille, de petites exploitations en voie de modernisation telles que celles du Gruat existaient encore dans les années 1960. Diverses cultures y étaient pratiquées pour subvenir aux besoins familiaux : les céréales et le foin pour les animaux, le blé pour le pain, la vigne pour le vin, les indispensables potager et poulailler, et l'élevage de porcs pour la consommation familiale. Quarante ares de tabac et un élevage de moutons assuraient des revenus. *« Les agriculteurs travaillaient encore pour faire vivre leur famille, et non faire de la spéculation. Ils n'avaient pas besoin de se moderniser, ou très peu, et le coût du matériel était encore très faible. Ce n'est qu'à partir du moment où les agriculteurs ont commencé à employer des engrais chimiques sur les terrains et sur les prairies que les choses ont changé »* [26]. Le recours à l'emprunt était très rare à cette époque, le fermier du Gruat n'ayant contracté son premier emprunt de 4000 francs qu'en 1966 pour acheter un tracteur diésel [26]. Le rôle du Crédit Agricole avait déjà beaucoup changé par rapport à celui de l'époque de sa création, quand il sortait alors souvent des agriculteurs de situations difficiles (mauvaises récoltes, épizooties, casse de matériel…) par des prêts à court-terme. Aujourd'hui, ce rôle d'assistance aux agriculteurs en difficulté aurait disparu (« *s'il coule, c'est tant mieux…* ») [26] !

Les rendements agricoles avaient augmenté, mais restaient toujours très en deçà de la productivité des grandes régions agricoles de plaine. Dans les années 1960, la production de céréales était de l'ordre de 15 quintaux/ha (40 à 60 aujourd'hui dans les Causses, 120 dans les grandes exploitations de Beauce).

Comme avant guerre, la viande de boucherie était directement vendue aux bouchers locaux dans les années 1950-1960, ou aux bouchers des marchés qui conduisaient eux-mêmes les animaux à l'abattoir, le plus souvent à Lauzès ou Cabrerets. L'abattoir de Cabrerets a été fermé en 1966, à la mort du boucher du village, celui de Lauzès a également disparu dans ces mêmes années. Les bouchers locaux durent alors s'approvisionner en viande à Cahors. La perte de rentabilité qui s'ensuivit conduisit rapidement à leur déclin et à la fermeture de leurs commerces [26]. Jusque vers 1980, les fermes du canton produisaient aussi chaque année de 2 à 6 porcs, vendus aux charcutiers locaux, un ou deux cochons étant conservés pour la famille ou partagés avec des voisins [26]. Cette production pouvait s'avérer très rentable, puisqu'entre 1945 et 1960, un porc charcutier était vendu plus cher qu'un veau de boucherie. Bien entendu, le nombre de porcs qu'une ferme pouvait produire dépendait de la quantité de céréales récoltées, et donc de la taille de l'exploitation. Même si on en a perdu la mémoire aujourd'hui, Sabadel fut aussi longtemps une terre d'élevage de moutons. Au moins 3 troupeaux ont été maintenus jusque vers 1970, au Gruat, au Mas de Pouchou et au Mas de Long. Puis les productions ont changé avec l'arrivée des politiques européennes [26].

La réglementation des bouilleurs de cru, sujet toujours aussi sensible dans un pays où la goûteuse eau de vie de prune est ancrée dans la culture, avait elle aussi subi une importante évolution. Chaque famille avait toujours le droit de distiller pour l'équivalent de 1000 degrés d'alcool, soit 20 litres d'eau de vie à 50°, mais à condition d'avoir cotisé à la Mutualité Sociale Agricole avant 1956. Le droit n'était plus héréditaire, et les bouilleurs de cru ont par conséquent commencé à disparaitre au fur et à mesure du décès des plus anciens. Quelques fraudes ont bien subsisté dans la région, mais évidemment pas à Sabadel ! [26]

L'agriculture à l'heure de l'Europe

Dans le même temps que les fermes se modernisaient, les exploitations disparaissaient une à une au rythme des départs à la retraite et de la diminution continue de la population. En 1984, il n'y avait plus qu'une douzaine d'exploitations à Sabadel. Parmi celles qui subsistèrent, l'évolution de la ferme du Mas de Bourrat peut être prise en exemple des changements de structure et de production après la mise en œuvre de la Politique Agricole Commune européenne en 1962, année où ont aussi été créées les GAEC (Groupements Agricoles d'Exploitation en Commun) [17]. Auparavant, la ferme faisait de la polyculture pour les besoins de l'exploitation, comme celle du Gruat. Un hectare de tabac, qui fournissait le plus fort revenu, et la vente d'un peu de blé à un meunier de Marcilhac étaient les seules cultures de rapport [30]. Puis la production s'est spécialisée dans les bovins à viande de races diverses comme dans d'autres fermes de Sabadel, avec la production de veaux sous la mère. Les agriculteurs utilisaient alors la « monte publique » : on menait sa vache « au taureau » du Canton à Lauzès pour une saillie qui coûtait 10 francs, et si l'opération était infructueuse on avait droit à une tentative supplémentaire gratuite. Certains, enfants à cette époque, se souviennent encore de la corvée qu'on leur infligeait quelquefois après l'école, lorsqu'ils étaient chargés de « mener la vache au taureau » en faisant un long détour par les chemins au pas lent des bovins. A partir de 1965 environ, cette pratique qui pouvait avoir un certain charme folklorique fut remplacée par le passage d'un inséminateur à la ferme [26]. Puis la production de veaux sous la mère cessa brutalement en 1988, lorsque le marché fut perturbé par l'interdiction de l'usage des hormones en élevage [30]. Certains agriculteurs avaient déjà anticipé en transformant leur troupeau en élevage laitier. Cette transition des années 1970-80 a fait franchir un nouveau stade de la modernisation, en contraignant les agriculteurs à s'équiper en matériel spécifique tel que des trayeuses. Ces investissements étaient permis par la bonne rentabilité de la production laitière à cette époque, et les aides accordées par la Communauté Européenne [26].

Avec cette modification importante des pratiques agricoles, de nouveaux changements dans le paysage de Sabadel vont se produire, comme l'apparition de cette stabulation encore très visible à l'entrée du village, ou la multiplication de bâtiments agricoles à l'esthétique discutable jusque dans le bourg. Ces changements affecteront aussi le paysage champêtre de manière imperceptible d'abord, puis de plus en plus visible au cours du temps, avec l'agrandissement progressif des parcelles, des défrichements, ou encore la destruction de murs de pierres sèches ou de haies. Si on ajoute à cela l'emploi de plus en plus important des engrais et des pesticides, les conséquences sur les écosystèmes devinrent inévitables. Les populations d'oiseaux diminuèrent, le petit gibier se fit petit à petit moins abondant et certaines espèces disparurent, alors que le gros gibier, sangliers et surtout chevreuils[34] favorisés par la multiplication des lisières, proliférait. La Sagne y perdra quant à elle sa faune aquatique. Finies les pêches quasi miraculeuses d'écrevisses au Pesquié, et disparues les truites qu'on y pêchait, comme en cette mémorable journée de l'été 1968 où se prit une truite de 52 cm et 1,2 kg sous le pont de pierre, au centre du bourg. L'absence d'entretien du ruisseau, les sécheresses plus fréquentes et la multiplication des captages d'eau, ont aussi contribué à la disparition de cette vie aquatique.

Progressivement, l'exploitation intergénérationnelle disparaissait, entraînant les fermes restantes à se mécaniser, emprunter, et agrandir les surfaces exploitées. Les agriculteurs durent se former aux nouvelles techniques, faire des stages, compulser de volumineuses documentations. La pluriactivité, courante dans les temps anciens alors que les agriculteurs pouvaient aussi être sabotier, boulanger, cantonnier, forgeron…, changea de nature avec le travail salarié des épouses à l'extérieur de l'exploitation, qui assurait un revenu régulier. Dans de petites exploitations telles que celles des Causses, le métier d'agriculteur est lui-même devenu « multi-compétences », cumulant le travail du sol, les soins du bétail, l'entretien du matériel, la comptabilité de l'entreprise. Dans les années 1980, la tenue d'une comptabilité simple, en particulier celle de la TVA, se faisait encore rapidement le soir, après le travail extérieur, mais progressivement, les tâches administratives liées à la PAC prirent de l'ampleur au point de devenir difficilement supportables [30].

A la fin des années 1980, l'entraide entre les agriculteurs se réduisait à peu de choses, d'autant plus que la chambre d'agriculture pouvait mettre du personnel à disposition pour les période où un renfort était nécessaire [26]. Elle ne se limitait le plus souvent qu'à une intervention lors de vêlages difficiles, car les vétérinaires étant très loin, il fallait bien se débrouiller seuls [30]. La préparation des ensilages, et surtout la culture du tabac, au moment de la plantation et de la récolte, fournissaient d'autres occasions de travail en commun. Par sa rentabilité, la culture du tabac avait gardé toute son attractivité. La production réglementée, vendue dans son intégralité à l'entreprise publique SEITA (Société d'Exploitation Industrielle des Tabacs et Allumettes), faisait l'objet de grands soins de la part des agriculteurs, et toujours de stricts contrôles par l'administration. Un contrôleur passait vérifier les implantations des cultures, le nombre de plants (les pieds excédentaires devaient être arrachés), et le nombre de feuilles par plan. Les règles différaient légèrement pour les deux variétés cultivées, Nicker pour la tabac à priser et Paraguay pour la variété à fumer [39]. Une règlementation aussi pointilleuse ne pouvait qu'inciter à la fraude, qui pouvait elle-

---

[34] Les chevreuils ont été introduits volontairement dans les Causses dans les années 1970.

même engendrer des situations cocasses, comme cette histoire arrivée à Roger Delsériès. Comme très souvent encore après la guerre, Roger, qui habitait au Pont de Sabadel, était appelé par son surnom : « Roger du Pont ». Il eut un jour des ennuis pour avoir passé des manoques de tabac à un voisin, et les gendarmes sont venus le chercher chez lui, demandant à voir « Roger Dupont ». Il répondit et prouva qu'il s'appelait Jean-Roger Delsériès, et les gendarmes durent repartir bredouilles ! [30]

A la toute fin de la période qui nous intéresse ici, soit la fin des années 1980, la transmission de l'exploitation aux enfants passe dorénavant par le rachat des parts sociales des parents, et donc par l'emprunt au Crédit Agricole avant que tout revenu soit généré. Il faut noter à ce propos qu'à Sabadel, de tout temps, il n'y a jamais eu de rachat d'exploitation par une personne extérieure à la commune, mais seulement des transmissions d'héritage [30].

Dans les années d'après guerre, la profession d'agriculteur s'organisa, et une nouvelle forme de solidarité vit le jour. Le syndicalisme agricole se structura en 1946 avec la création de la Fédération Nationale des Syndicats d'Exploitants Agricoles (FNSEA), et celle du Centre National des Jeunes Agriculteurs (CNJA) en 1947. Michel Couderc, exploitant au Gruat et syndicaliste à la FNSEA de 1971 à 2003, eut en charge plusieurs postes, dont celui de Délégué aux Structures pendant 21 ans. Il a représenté la commune de Sabadel de 1984 à 2003, alors qu'il y avait à l'époque 11 chefs d'exploitation à Sabadel, qui tous cotisaient au syndicat. Il se souvient d'actions collectives telles que l'interception la nuit de camions frigorifiques qui convoyaient (légalement) des carcasses de bœuf subventionné d'Angleterre. Au moment de la mise en place de la Politique Agricole Commune, il a aussi emmené des vaches et des veaux à la Préfecture de Cahors, où le Préfet a été réveillé par les manifestants [26].

La modernisation du village et des ménages

A la sortie de la guerre, les sabadelloises vont encore laver leur linge au lavoir, le descendant dans de lourds paniers ou sur des brouettes, et travaillent tout en bavardant avec leurs voisines en troublant de temps en temps la quiétude du village de leurs rires. L'eau du lavoir est colorée d'un beau bleu indigo par l'azurant qu'elles utilisent. On fait encore des veillées le soir, on boit encore l'eau des citernes… Le « modernisme » va changer tout ça ! Mais comme toujours, avec un peu de retard sur le reste du pays, comme l'écrit Jean Lartigaud : « C'est seulement dans les années 60 que le Lot allait entrer dans le 20ᵉ siècle [1].

Lavage du linge au lavoir vers 1965

C'est effectivement dans les années 1960 que le mode de vie des habitants de Sabadel va être bouleversé, avec l'arrivée d'une longue liste d'innovations concernant le village ou les ménages qui vont modifier les habitudes.

L'un de ces premiers changements dans la vie domestique fut l'arrivée du téléphone, qui fut public bien avant d'être privé. Deux « cabines téléphoniques » publiques furent mises en place, l'une dans le Bourg à l'épicerie Vinnac, l'autre au Mas de Pouchou. On pouvait venir y passer un appel, qui nécessitait un peu de patience : le régisseur de la cabine appelait d'abord une opératrice, à laquelle on donnait le numéro appelé. Celle ci transmettait inévitablement un temps d'attente, qui pouvait dépasser une heure avant qu'on soit enfin mis en liaison avec son correspondant. Pendant ce temps, on avait tout loisir de bavarder ou de boire un verre au café Vinnac ; mais on pouvait aussi rentrer chez soi et revenir un peu plus tard ! Il fallait aussi attendre encore un peu après la communication, pour que l'opératrice communique le prix de l'appel. Quant aux appels reçus, ils étaient pris par le gérant de cabine qui allait transmettre les messages aux personnes concernées. Dans ces conditions, le téléphone ne pouvait être qu'un outil exceptionnel, bien éloigné des pratiques d'aujourd'hui, et la discrétion une qualité indispensable du préposé à la cabine. Il arrivait même que Jeanine Vinnac ait à passer les communications à la place de ceux qui n'osaient pas le faire eux-mêmes ! Et bien entendu, aucun horaire n'étant imposé, les clients pouvaient surgir pour téléphoner à n'importe quel moment. Ce n'est que vers 1975 que les lignes individuelles commenceront à se répandre dans les habitations.

La modernisation concerna aussi les voies de circulation. La route de la Sagne vers Cabrerets (D13) n'a été goudronnée par tronçons qu'entre 1960 et 1965. Elle était auparavant entretenue en déversant des camions de pierres, qui étaient cassées sur place par les cantonniers [7].

Il fallut attendre encore plus longtemps pour que fut résolu le problème des ordures ménagères. L'habitude était depuis toujours de s'en débarrasser comme on pouvait. Dans les fermes, les résidus de denrées périssables qui ne pouvaient être recyclées par les volailles ou les cochons étaient jetés sur le tas de fumier. Les autres détritus étaient simplement jetés dans un trou plus ou moins proche de la maison. Il existe certainement encore des emplacements où, si l'on creusait un peu, on trouverait des gisements de vieux objets hors d'usage abandonnés là pendant des décennies ! Dans le bourg, un tas d'ordure brulait fréquemment en contrebas de la route, le long du mur du café Vinnac, parfumant les alentours d'odeurs qui n'étaient pas particulièrement agréables. Une première mesure fut prise en octobre 1970, lorsqu'un arrêté municipal interdit le dépôt de détritus et de décombres le long de la D13, non loin du Pont de Sabadel. Près de 50 ans plus tard, on peut encore repérer l'endroit qui n'a pas été totalement nettoyé. Vers 1980, un premier service de ramassage des ordures fut organisé par l'entrepreneur Marcouly [47], avant que la naissance en 1995 de la Communauté de Communes Lot-Célé ne permette de mettre en place un véritable ramassage des ordures ménagères. Juste avant le 21e siècle !

L'adduction d'eau

A cause des contraintes de la topographie et de l'éloignement de la ressource, la mise en place de l'adduction d'eau fut particulièrement tardive. Depuis toujours, comme cela a été mentionné auparavant, l'approvisionnement en eau des habitations de Sabadel était assuré par le recueil des eaux de pluie dans des citernes individuelles, et le puisage de l'eau aux sources du bourg et du Pesquié qui nécessitait de contraignantes corvées, en particulier l'été.

Le lavoir et la fontaine du Pesquié

A la charnière des années 1950 et 1960 deux familles obtinrent l'autorisation de s'équiper d'un pompage individuel dans la source du Bourg : la ferme Vinnac et la maison Magot, soit deux des habitations les plus proches de la fontaine. Une autorisation fut aussi accordée pour alimenter le Mas de Bourrat à partir de la fontaine du Pesquié. Fin 1961, le Conseil municipal de Sabadel rejeta un premier projet jugé trop coûteux d'adduction d'eau. Une délibération technique eut lieu le 5 décembre, qui a été certainement quelque peu agitée puisqu'elle fut à l'origine de la démission du Conseil Municipal le 29 décembre.

Plusieurs autres habitants de la commune ayant demandé à s'équiper d'un pompage individuel sur la source du bourg, une séance extraordinaire du nouveau conseil fut convoquée le 8 avril 1962. Le Génie Rural auquel des subventions avaient été demandées préférant une solution collective, le Conseil Municipal accepta le principe d'un emprunt par la commune complété par des subventions pour un équipement collectif. Les conditions de cet équipement furent précisées en octobre 1962. Les intéressés devaient se constituer en association. Une autorisation fut donnée pour les travaux de tranchées et d'abri de la station de pompage, qui prélevait l'eau dans la source du Bourg. En période de sécheresse, l'arrosage serait interdit et seule une utilisation domestique serait autorisée, les intéressés s'engageant par ailleurs à se raccorder à un réseau communal ultérieur s'il s'en faisait un. En décembre, 9 contributeurs versèrent 550 francs chacun à l'association. Les travaux furent effectués et l'installation mise en service. En absence de compteur, le paiement de l'eau se faisait par répartition égale entre les membres.

C'est à la fin de 1971 que Sabadel adhéra au réseau d'adduction d'eau du « Syndicat des eaux de la Pescalerie ». Les raccordements de toutes les habitations de la communes furent réalisés en deux tranches l'année suivante. Les habitants bénéficiaient alors de la fourniture gratuite de 40 m^3 d'eau, avantage supprimé en 1978. La prise de compteur était obligatoire pour toutes les habitations, mais comme le réseau associatif fonctionnait encore, un des adhérents a refusé pendant 2 ans de payer les factures de la SAUR (Société d'aménagement Urbain et Rural). En 1982, 10 ans après la mise en place du réseau collectif, le réseau de l'association fonctionnait toujours avec 9 membres qui bénéficiaient ainsi de deux systèmes d'adduction d'eau. La cotisation était de 417 francs pour l'année. Le Conseil Municipal avait aussi autorisé en février 1966 un nouveau raccordement individuel sur la source pour alimenter le presbytère.

Comme les prélèvements par les membres de l'association se poursuivaient, l'eau de la source fut analysée pour se mettre en conformité avec la réglementation. Elle a été déclarée potable par l'analyse d'un prélèvement effectué en septembre 1984. Mais un nouveau prélèvement de décembre 1990 révéla une non-conformité microbiologique de cette eau victime d'une contamination fécale provoquée par les pompages agricoles dans la source avec des équipements souillés. Le pompage aurait dû être arrêté, mais les adhérents demandèrent son maintien pour des usages non alimentaires, et ce n'est qu'en octobre 2003 que le président de l'association et le maire de Sabadel demandèrent le démontage de l'installation de pompage.

Sans qu'il n'y ait bien entendu aucun rapport, c'est aussi au début des années 1970 qu'on prit conscience que le petit cimetière plein de charme du village, blotti à l'arrière de l'église d'où l'on pouvait méditer en contemplant le bourg, était devenu trop petit. Il fut transféré en 1972 à son emplacement actuel, ce déplacement contraignant les familles à de pénibles formalités de transfert de tombes.

Pendant que le progrès se traduisait par la mise en place de ces équipements collectifs, les ménages se modernisaient aussi. On perdait petit à petit d'anciennes habitudes, comme celle d'accoucher chez soi. Après la guerre, l'aide apportée par les voisines de bonne volonté laissait déjà la place aux interventions du docteur Baldy de Lauzès. On abandonnait aussi petit à petit ce qui avait été considéré comme une sage précaution dans des temps où beaucoup d'enfants mouraient en bas âge : on prenait un peu plus son temps pour baptiser les nouveau-nés [15]. Puis vinrent après 1960, la généralisation de l'automobile, l'apparition des réfrigérateurs, puis des machines à laver et de la télévision (si difficile à capter dans de nombreux endroits du village !) qui changèrent radicalement le mode de vie des sabadellois, et conduisirent à la disparition des aspects les plus traditionnels de leur vie.

La voiture de l'horloger vers 1960

Une école qui change d'époque

Dans les années 1950, l'école était devenue mixte, les enfants n'étant plus regroupés en fonction de leur sexe, mais en fonction de leur niveau scolaire. Les deux instituteurs de Sabadel enseignaient pour 3 niveaux de classe : les petits, les deux années de cours moyen, et deux années de fin d'étude. La présence de deux enseignants se justifiait encore car bien que la population de Sabadel ait considérablement chuté, l'école comptait encore une vingtaine d'élèves, certaines familles ayant 4 ou 5 enfants [26]. L'absentéisme au moment des gros travaux agricoles avait alors complètement disparu, mais peu d'enfants poursuivaient leurs études après l'école primaire. Après le certificat d'étude, 10 à 20% d'entre eux seulement partaient au collège, principalement à Cahors. Un fils d'agriculteur est par exemple parti faire trois années de formation agricole en alternance, se partageant entre les cours à Cahors et l'activité dans la ferme paternelle [26].

Yvonne Sindou, Ernest Paganel et leurs élèves vers 1950

Ronde d'enfants au Pont vers 1950

Vingt ans plus tard, les effectifs d'élèves avaient diminué, aussi bien à Sabadel que dans les villages voisins. L'école de Lentillac fut alors rattachée à celle de Sabadel, peu de temps avant que Jeanne Lacoste n'y devienne la nouvelle maitresse. Elle sera l'unique institutrice de 1972 à 1995, assurant certaines années 4 ou 5 niveaux différents du CP au CM2. Elle connut durant ces années les nombreux changements affectant les écoles rurales. Le plus important fut le regroupement pédagogique de 1983, associant Blars, Lauzès, Lentillac, Orniac, Sabadel, Saint-Cernin et Sénaillac, qui obligeait à organiser un ramassage scolaire. Les classes étaient réparties entre trois communes qui se partageaient les différents niveaux : Saint-Cernin pour la maternelle, Lauzès pour les petits écoliers de primaire, et Sabadel pour les plus grands. Lorsque la mairie de Sabadel, qui avait ses locaux entre les deux classes de l'école, a quitté le bâtiment en 1991 pour s'installer au centre du bourg, l'institutrice a pu répartir ses élèves dans deux salles, se facilitant ainsi le travail par niveau. Entre temps, le certificat d'étude avait été supprimé (en 1972, mais conservé pour les adultes jusqu'en 1987), et l'enjeu était donc devenu de préparer les enfants à l'entrée au collège [39, 51].

Durant tout le temps compris entre la guerre et les années 1980, les enseignants restèrent des personnalités importantes du village, dont le rôle social ne diminua pas. Comme l'époque n'est pas si lointaine, beaucoup ont encore le souvenir d'anecdotes ou d'événements qui les ont marqués. Madame Lacoste raconte ainsi que dans les années 1970, Marius Régis vers la fin de sa vie l'attendait chaque jour devant l'école à l'heure de la récréation pour pouvoir bavarder un peu. Elle aime rappeler que les enfants ne posaient à cette époque aucun problème de discipline, et que les relations avec les parents, qui faisaient une totale confiance aux enseignants, étaient très paisibles. L'Institution aussi laissait une grande liberté aux instituteurs qui adaptaient le programme aux besoins de leurs élèves, et appliquaient plus ou moins les réformes selon leur ressenti (maths modernes, lecture globale…) [51]. Madame Lacoste a vécu l'arrivée des premiers ordinateurs à l'école (1983-84), mais comme la formation d'été qu'elle avait reçue était largement insuffisante, elle les utilisait peu [51].

Dans cette seconde moitié de 20e siècle, les instituteurs prolongeaient parfois leurs journées bien au-delà de leur temps d'enseignement. Après la classe, il n'était pas rare qu'un soutien scolaire bénévole soit donné aux enfants en difficulté. Les institutrices des 3 villages du regroupement pédagogique devaient aussi se rencontrer régulièrement en dehors de leur temps d'enseignement pour préparer des projets communs, et une conférence pédagogique les réunissait une fois par trimestre environ à Cahors. En dehors de ces rencontres, le relatif isolement des enseignants de classes uniques, chacun seul dans son village, ne leur pesait pas particulièrement. Ils avaient une grande expérience de ce mode de fonctionnement, qui en plus de leur liberté leur assurait une variété de missions à accomplir. Cela allait des exercices sportifs qui étaient organisés dans le pré situé aux croisement des routes de Saint-Cernin et de Lauzès, à la sortie du village, à l'enseignement de la musique pour lequel Mme Lacoste s'appuyait sur des émissions régulières diffusées à la radio. Des campagnes d'information sur l'hygiène et les soins dentaires étaient aussi organisées. Dans le même domaine, une visite médicale était assurée par un médecin qui venait chaque année à l'école ; puis le médecin a été remplacé par une visite d'infirmière, avant que ces visites sanitaires ne finissent par disparaitre complètement à la fin des années 1990.

Dans les années 1970-1980, l'institutrice consacrait même certaines de ses soirées à son école, en organisant des lotos à Lentillac et des concours de belote à Sabadel, dont le bénéfice servait à financer les sorties scolaires. Les jeux étaient suivis de la dégustation de la soupe au fromage préparée par l'épouse du maire de Sabadel et des bénévoles des deux villages et, comme ces soirées étaient chaleureuses et conviviales, c'est vers 3h du matin qu'il fallait mettre les participants dehors ! De nombreuses personnes qui n'avaient pas d'enfants scolarisés participaient à ces soirées. Les lotos ont continué à être organisés après le regroupement pédagogique pour alimenter la caisse des écoles, en changeant de village à chaque fois, comme c'était aussi le cas pour les fêtes organisées à la fin de l'année scolaire [51]. Grâce aux bénéfices de ces soirées qui venaient compléter les subventions accordées par la municipalité, la Caisse d'Allocations Familiales et le Conseil Général, des voyages pouvaient être organisés à un coût dérisoire pour les parents. Une classe de mer de deux semaines, regroupant des enfants de Sabadel, Blars, Sabadel-Latronquière et Labastide-du-Vert, a par exemple été organisée à Hossegor en 1977. Certains enfants n'avaient encore jamais quitté leur village, et une petite fille a même été éberluée en y voyant pour la première fois un homme de couleur ! Lors d'une sortie neige qui fut organisée au Lioran en 1981, certains enfants découvrirent la montagne en hiver.

Les relations avec les élus municipaux, et en particulier avec le maire Caussanel resté à la tête de la commune de 1971 à 2008, ont toujours été empreintes de confiance et de respect mutuel. Les travaux nécessaires de l'école ont toujours été réalisés sans que leur pertinence ait jamais été discutée, tout comme la réhabilitation des logements de l'étage du bâtiment d'école. A la fin des années 1970, il a été par exemple décidé de fermer la cour de récréation à l'arrière de l'école, qui était très froide l'hiver. Elle a pu alors être aussi utilisée comme réfectoire et salle des fêtes, et une table de ping-pong financée par la caisse des écoles y avait été installée [51].

Sortie scolaire à la mine de Decazeville.
(deuxième adulte à partir de la gauche : Camille Caussanel, maire de Sabadel)

La fin des commerces

Le commerce et l'artisanat, qui ne pouvaient survivre dans un village qui avait perdu la plus grande partie de sa population (179 habitants en 1946, une centaine en 1990), déclinèrent rapidement après la guerre. La charcuterie Cabessut qui se trouvait alors à l'entrée du village[35] fut après guerre le seul commerce de viande ayant existé à Sabadel. Madame Cabessut allait alors vendre sa production à Lentillac avec sa charrette attelée à un cheval. Le commerce disparut dans les années 1950, comme un peu plus tard le commerce de chiffons et de peaux d'animaux des frères Cabessut.

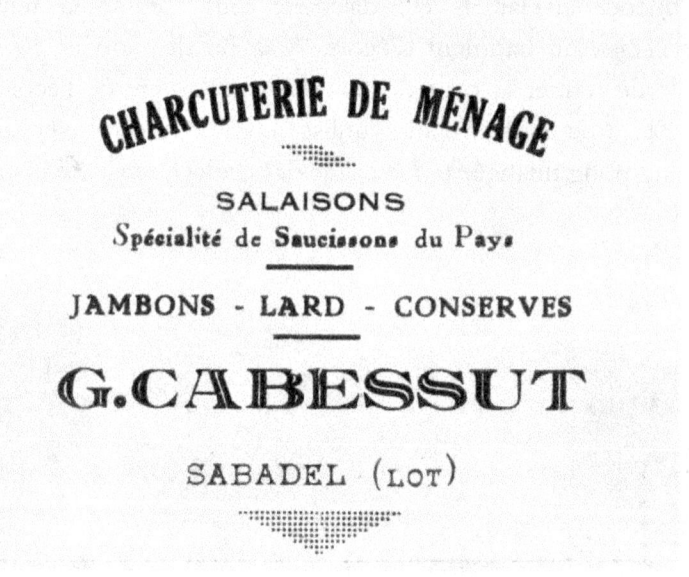

En-tête de la charcuterie Cabessut

Ne restèrent à Sabadel au début des années 1960 qu'un menuisier au Mas del Saltre, l'épicerie du Bourg, et pour quelques années encore la pompe à essence du Pont.

Cette station d'essence avait été créée en 1930 par le forgeron Alithe Rouchayroles, qui avait reçu une autorisation préfectorale pour l'installation d'une « borne automatique d'essence placée à l'angle formé au croisement des chemins de grande communication N° 16 et 42 » [40]. Automatique était un bien grand mot ! Pour

---

[35] Emplacement 15 sur le plan du Bourg p. 5.

remplir son réservoir, il fallait actionner pendant de longues minutes le bras de la pompe. L'essence montait dans deux réservoirs en verre au sommet de la borne qui, une fois qu'ils étaient pleins, se déversaient dans le tuyau. Cette pompe, bien pratique pour les automobilistes de Sabadel et ceux empruntant la départementale de Cahors à Figeac, fonctionna jusqu'en 1962.

Pompe AZUR du Pont de Sabadel, vers 1950

L'épicerie Vinnac

Basile Vinnac, né en 1901 à Sabadel, décida un jour des années 1920 d'aller tenter sa chance à Paris. Il savait où aller : la famille Lalo de Lauzès y avait fondé en 1920 l'entreprise de papèterie du même nom qui existe encore en ce début de 21ᵉ siècle. Sans doute atteint du mal du pays, ou déçu par cette expérience, il revint à Sabadel pour y fonder une épicerie, qui resta longtemps dans le petit local coincé entre deux maisons le long de la route traversant le village (page 119).

En 1955-56, son fils Gilbert et son épouse Jeanine ont fait construire un nouveau local sur les vestiges d'une vieille maison, qu'on peut encore aisément identifier grâce à ses vitrines en bordure de route[36] dans lequel l'épicerie, qui fit alors également office de café, a été transférée. Dans ces années 1950-1960, le commerce au service d'une population réduite n'était pas d'un très bon rapport, d'autant plus que les agriculteurs avaient des difficultés pour régler leurs factures, qu'ils ne pouvaient payer qu'au moment des rentrées d'argent. Leurs besoins étaient pour l'essentiel réduits aux denrées de première nécessité qu'ils ne produisaient pas. Tout était vendu au détail, selon la demande. L'épicerie n'était alors pas équipée de réfrigérateur, mais la cave dans le rocher était suffisamment tempérée pour pouvoir servir des boissons fraîches.

Le café fut aussi un restaurant et dans les années 1950 le banquet des chasseurs, auquel n'assistaient que des hommes, était organisé dans la grande salle de la maison familiale, en face de l'épicerie. Deux banquets de mariage s'y déroulèrent aussi. Les voyageurs de commerce pouvaient déjeuner au restaurant, Jeanine faisant aussi la soupe pour les ouvriers le matin dès 7 heures, et les « 4 heures » les jours de foire de Lauzès. On servait alors de la charcuterie Cabessut.

L'épicerie-café et la poste rurale vers 1955

A l'époque où la fête de Sabadel était organisée sous les platanes, le café était particulièrement actif, allant jusqu'à mettre en place une terrasse très animée sur la route. Il y avait peu de circulation à l'époque, et les véhicules n'avaient qu'à se faufiler doucement le long des tables. Mais lorsque la fête a été transférée place du Rampeau à la fin années 1960, le Comité des fêtes a décidé d'organiser sa propre buvette, déplaçant ainsi le centre de gravité des festivités à proximité du lavoir. On a même

---

[36] Emplacement 12 sur le plan du Bourg p. 5.

organisé des bals dans ces années là certains dimanches, sur la route devant le café, où un musicien faisait danser au son de l'accordéon.

Le rôle central du café-épicerie Vinnac dans la vie de la commune s'exprimait de multiples manières. Avant l'enfouissement des réseaux et la mise en place d'un éclairage public automatisé, les 2 ou 3 réverbères de Sabadel étaient allumés manuellement la nuit venue, et éteints le matin. Un interrupteur était situé sur le mur de la poste rurale. Cette tâche, qui était auparavant assurée par Basile Vinnac, a été accomplie chaque jour par Jeanine et Gilbert Vinnac pendant une quinzaine d'années [47]. Gilbert Vinnac était aussi facteur, le local de la Poste Rurale étant attenant au café. Les sacs postaux partaient chaque matin de Lauzès pour être livrés dans les communes, d'où le courrier était distribué. Le véhicule repassait dans la journée prendre le courrier au départ et les divers documents de la poste.

Le véhicule de la poste rurale vers 1950 devant la maison Vinnac

C'est vers 1965 que l'épicerie a été finalement déplacée de l'autre côté de la route, dans la grande salle du rez-de-chaussée de la maison, le café restant dans le local initial et y gagnant par la même occasion une vraie salle. Elle était alors devenue le dernier commerce de Sabadel. Ce gain considérable de place permit une diversification des services. Un commerce de bouteilles de gaz, dont on peut toujours voir la publicité sur le pignon du café, a été mis en place. L'épicerie a pu aussi mettre en vente de la quincaillerie, des engrais, et même quelquefois des vêtements produits par une couturière locale. Les horaires d'ouverture étaient si larges, de 7 heures le matin à tard le soir, que les Vinnac n'ont que très rarement pris leurs repas avec leurs enfants à cette époque [47].

A partir de 1959, l'épicerie eut pour une dizaine d'années un voisin installé dans le petit local de l'épicerie historique de Basile Vinnac. Marcel Magot, ouvrier horloger revenu de Paris pour passer sa retraite dans le village de ses ancêtres et se rapprocher de son frère (le fermier de Ferrasse), y exerça son art au service de deux bijoutiers de Cahors chez lesquels il passait chaque samedi rapporter son travail et prendre celui de la semaine suivante. Avec sa grosse loupe d'horloger sur l'œil, dans les odeurs de benzène et de trichloréthylène, au son des carillons et des coucous, il recevait souvent la visite de curieux venus observer ce métier de minutie et de patience. Beaucoup des horloges des fermes de Sabadel et des villages alentours y passèrent pour une réparation ou un bon nettoyage du mécanisme.

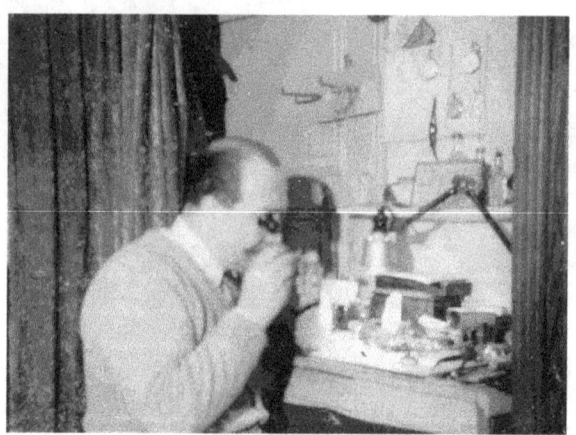

L'horloger dans son atelier vers 1965

Au centre de la vie Sabadelloise pendant de nombreuses années, l'épicerie Vinnac a été fermée en 1985, alors que Jeanine ne pouvait plus en assumer seule la charge après la mort de son mari. A ce moment, l'activité commençait déjà à se réduire, en raison de la généralisation de l'automobile et de l'ouverture de la première grande surface à Cahors, un magasin Prisunic rue Foch. Les épiceries de Lauzès et de Saint-Cernin ont alors pris le relais en commençant à faire des tournées en camionnettes pour servir les sabadellois, avant de disparaitre à leur tour [47].

La fin de la vie traditionnelle

La modernisation des campagnes eut rapidement pour conséquence non seulement de changer les pratiques agricoles et de faire disparaitre tous les commerces des plus petits villages, mais aussi de modifier profondément la culture rurale en mettant fin à des traditions souvent séculaires. Les veillées disparurent complètement, alors qu'il n'était plus nécessaire ni de se regrouper autour d'un âtre, ni d'effectuer de petits travaux indispensables en bavardant. Jusque dans les années 1980, quelques amis se retrouvaient encore parfois pour passer la soirée ensemble, pendant laquelle on jouait aux cartes ou on faisait une partie de petits chevaux, que certains appelaient « parties de dadas » [47]. Les soirées passives devant la télévision devinrent de plus en plus souvent, au fil de l'équipement des ménages, le moment de détente de fins de journée limitées au cercle familial. Néanmoins, la télévision fut aussi le vecteur d'une ouverture sur le monde auquel les ruraux, qui souvent limitaient leur intérêt à la presse locale, n'avaient auparavant jamais eu accès. La télévision combinée à la facilité de déplacement eurent aussi raison de toutes les petites occasions qu'on avait de s'amuser ensemble. Les parties de rampeau du dimanche disparurent, tout comme les derniers petits bals organisés par le café Vinnac, ou même le bal que le Comité des fêtes organisait à Noël dans les années 1960. On prit l'habitude de prendre sa voiture pour aller dans des dancings ou dans les fêtes de village, ou pour aller se promener le dimanche. Une sabadelloise résume bien les conséquences de toutes ces évolutions : « *la voiture, la télévision et le téléphone ont rompu tous les liens directs* ». [26]

En approchant de la fin du siècle, on n'alla même plus « garder les troupeaux ». C'était pourtant pour les jeunes des occasions de rencontrer des amis et de passer un moment avec eux. Ces « gardes » pouvaient même être provoquées pour rencontrer les bergères ! [26]. Jules Delsériès, quant à lui, préférait occuper ce temps de calme et de paix pour composer des poèmes, dont il fit un recueil en 1983 [52].

Dans ces années où « *tout foutait le camp* » selon certains, Sabadel se distingua même de tous les villages alentour en abandonnant sa traditionnelle fête votive du premier dimanche de septembre.

Salut, Ô clair ruisseau qui murmure et qui chante
Vallée aux doux échos toujours chers à mon cœur !
Toi qui sais accueillir une pauvre ame errante
Salut, ô bois obscur, refuge du bonheur !

Par ce beau soir de mai recherchant quelque asile,
Je suis venu goûter tes fleurs et tes parfums
Sous le chêne où je suis, qu'un pic en vain mutile,
Un rocher bien moussu reçoit les importuns ;

Couché dans tes replis d'opulente verdure,
Là je reste longtemps, rêveur silencieux :
A quelques pas de moi c'est l'onde qui murmure,
Le concert des oiseaux semble venir des cieux.

A mes pieds le muguet symbolique s'étale
Auprès de l'aubépine et du buis odorant.
Entre son nimbe vert, son timide pétale
Ressemble un mot d'amour qu'exhale un soupirant.

Plongés dans leurs pensers, un jeune couple passe,
Frôlant presque le chêne ou près j'étais assis.
A peine sous leurs pieds la mousse qui se tasse
Gémit, tant elle semble entendre leurs soucis.

Je les regarde ainsi fuyant dans la ramure ;
Ils s'arrêtent bientôt tous deux sous un ormeau,
Echangent un baiser dont j'entends le murmure,
Puis aussitôt s'en vont vers un bonheur nouveau…

Voilà donc emportés par tes flots, dans un rêve
Sagne tu m'as conduit aux rives de l'amour.
Il me semble soudain, quand ce beau jour s'achève,
Revivre du passé le déclin d'un beau jour !...

Ah ! Certes, je voudrais m'appeler Lamartine
Et pouvoir te chanter comme il chanta Milhy,
Mais ma muse ne peut au pied de la colline
Que ramper, sur un mot, de ton onde jaillie.

Je voudrais, en remontant ces verdoyantes rives
Qui font sonner ton nom, au creux de ce rocher
Dire avant de partir, que sur tes sources vives
A vaguement flotté un esquif sans rocher !...

A la Sagne, *Jules Delsériès*

Les dernières fêtes de Sabadel

Comme toutes les fêtes votives, celle de Sabadel était organisée par un Comité des Fêtes composé des jeunes du village qui, dans les années 1950, allaient couper du buis dont on tressait des guirlandes pour décorer les piliers de l'aire de bal. Certains aspects immuables de l'organisation étaient conservés, comme la messe du dimanche matin en présence des musiciens, une aubade chez les Sabadellois avec remise d'un bouquet de fleurs, un apéritif servi aux villageois le dimanche midi, une tombola, et un concours de Rampeau où on jouait de l'argent [53]. On dansait le samedi soir, mais c'est surtout le dimanche que la fête battait son plein jusque tard dans la nuit, sous l'éclairage des bougies placées dans des lampions en papier qui s'enflammaient parfois [25]. On dansait sous les platanes au son des instruments de 3 ou 4 musiciens, sur un plancher qui était entreposé le reste de l'année dans le gîte communal [53]. Il va sans dire que tous les habitants de Sabadel participaient aux festivités. En 1951 ou 1952, une course cycliste a même été organisée.

Jeunes de Sabadel en compagnie des musiciens de la fête devant le café Vinnac vers 1950

La fête de Sabadel, qui était considérée dans les années 1960 comme l'une des plus belles fêtes du Canton, attirait alors tant de monde que les voitures devaient se garer loin du bourg, sur la route de Lauzès. Si l'ont sait qu'à cette époque les jeunes avaient l'habitude de s'entasser le plus possible dans les rares automobiles disponibles, et que d'autres venaient à bicyclette ou à pied, on comprend que la foule devait être importante ! Le comité des fêtes se démenait pour la rendre chaque année plus attractive, attirant quelques forains qui venaient vendre des jouets et des babioles, ou investissant dans des éclairages. Deux nouvelles courses cyclistes réunissant une trentaine de participants furent organisées par un sabadellois membre d'un club cycliste de Cahors vers 1985 [30].

La commune ne donnait pas de subvention pour l'organisation de la fête, mais se portait garante en cas de déficit. Le Comité des fêtes devait donc s'autofinancer par le moyen de dons lors des aubades, en organisant une tombola, et en agrafant des fleurettes au revers de tous les visiteurs de la fête, qui mettaient quelques pièces dans une boite. Dans les dernières années, des réveillons ont été organisés le dimanche soir. On montait des tréteaux sous les platanes, et ce sont les femmes du Comité aidées par l'épouse du maire qui faisaient la cuisine. Un stand de « Casse-bouteilles » a pendant un temps été organisé et apportait aussi une contribution financière [54].

Puis brutalement, en 1986, les derniers lampions s'éteignirent. Sabadel est aujourd'hui une des rares communes du canton à ne plus avoir sa fête votive.

Beaucoup d'entre ceux qui ont connu les années d'après guerre insistent aujourd'hui, lorsqu'on les interroge, sur les changements qui se sont produits depuis dans les relations entre les habitants. L'atmosphère conviviale et une certaine forme de joie de vivre, qui se traduisaient parfois par des comportements de familiarité qu'on jugerait inacceptables aujourd'hui, ont définitivement disparu. Ces anciens racontent une multitude d'histoires avec le sourire aux lèvres, du temps où « on se faisait des niches ». En voici quelques exemples.

Le sonneur de cloches de Sabadel, bien connu pour son caractère aimable et enjoué, ne sonnait pas que les cloches. Il aimait beaucoup, le soir avant d'aller se coucher, remonter son gros réveille-matin et programmer sa sonnerie à une heure du milieu de la nuit. Il allait ensuite le déposer sur la fenêtre de la chambre de sa voisine de la Croix de Ferrasse. Celle-ci, le lendemain matin, mi furieuse-mi rieuse, ne manquait pas de le lui reprocher, ce qui le faisait beaucoup rire [30]. Dans les années 1970, comme beaucoup d'autres dans le Lot alors que le Président de la République avait une résidence à Cajarc, il avait appelé son chien Pompidou. Quand on lui demandait pourquoi, il répondait qu'il pouvait ainsi botter le cul de Pompidou quand il en avait envie ! Mais il lui y arrivait aussi, juste retour des choses, d'être la victime de plaisantins. Un matin d'avant guerre, il a cherché une charrue sans la trouver. Ce n'est qu'à midi, en rentrant des champs, qu'il l'a repérée, perchée dans le cerisier de la maison voisine, inoccupée à l'époque [16]. Une autre fois, un agriculteur avait chargé dans le bourg une charrette de fumier pour l'emmener au Bosc. La nuit, des plaisantins ont renversé le fumier pour l'obliger à recommencer [16]. En montrant de tels exemples, on ne pouvait pas se fâcher vraiment lorsque des enfants étaient polissons et faisaient des bêtises ! Par exemple, il arrivait qu'ils prennent des pots de fleur devant une maison et les mettent chez un voisin. Tout le monde en riait. Dans un cas semblable survenu il y a quelques années à Cajarc, les propriétaires mécontents ont appelé les gendarmes !

Raymond Magot, dernier carillonneur de Sabadel

Les histoires de chasse étaient aussi matière à plaisanterie. Comme le fermier du Mas de Bourrat aimait tirer le gibier depuis la fenêtre de sa cuisine, ses amis ont un jour fabriqué un lapin empaillé qu'ils ont posé dans le pré devant la maison, qu'il n'a évidemment pas manqué de tirer [30] !

Ces plaisanteries simples et naïves, empreintes de chaleur humaine et d'insouciance, qui atténuaient la rigueur du mode de vie et les inévitables frictions qui se produisaient parfois, avaient leur rôle à jouer dans la cohésion d'une communauté encore centrée sur elle-même. Ce temps-là est révolu.

Le dernier curé de Sabadel

Malgré les vigoureux affrontements qui partout opposèrent les républicains aux cléricaux au tournant du siècle, et malgré la loi de 1905, le curé de Sabadel, comme ses confrères des villages ruraux, continua à exercer une influence importante sur ses ouailles jusqu'après la seconde guerre mondiale. La forte personnalité de l'abbé Pouget et la conscience qu'il avait de sa mission évangélique n'y sont sans doute pas pour rien.

Autel des Rogations, 1937

L'abbé consacrait beaucoup de temps aux enfants, organisant des activités qui lui permettaient d'exercer son sacerdoce de manière informelle, à côté du catéchisme et des très nombreuses célébrations de fêtes religieuses qui mobilisaient la population du village. Les gamins savaient d'ailleurs qu'il avait toujours des pastilles Valda au fond de ses poches à leur offrir.

L'une des plus importantes manifestations que l'abbé organisait était la fête des Rogations, qui s'étalait sur les trois jours précédant l'Ascension, et pour laquelle il mettait en place une sorte de pèlerinage à travers le village. Toutes les croix du village étaient décorées par des draps brodés et des fleurs. La procession s'y arrêtait et des bénédictions étaient données pour le pain, le bétail, les cultures… Une année, les propriétaires anglais de la Caserne avaient acheté des vêtements blancs et des ailes pour que les enfants représentent les anges, perchés sur les tonneaux placés près des croix [16].

L'abbé Pouget, qui aimait ces grandes cérémonies religieuses, organisait aussi la fête de Jeanne d'Arc dans les années 1950. Les villageois construisaient un bûcher délimité par 4 piquets, et remplissaient cet espace de genévriers et de broussailles. Un cinquième piquet placé au centre représentait Jeanne d'Arc. Un office était célébré, pour lequel le curé faisait venir un prédicateur particulièrement éloquent. Les conseillers de la commune y assistaient assis dans le chœur de l'église, puis après la messe, on allait bruler Jeanne d'Arc [26]. Une sabadelloise de l'époque se souvient qu'on y chantait « Sauve, sauve la France » :

Reine de France,/ Priez pour nous,/ Notre espérance/ Venez et sauvez nous
Vierge notre espérance/ Etends sur nous ton bras./ Sauve, sauve la France/ Ne l'abandonne pas.
[16]

L'abbé n'oubliait pas de s'occuper aussi des jeunes adultes, organisant des séminaires de la JAC (Jeunesse Agricole Catholique) créée en 1929, mais qui s'est surtout développée après 1945. Cette multiplication d'activités ancrait profondément la religion catholique dans la vie du village où, à part quelques irréductibles revendiquant leur athéisme au point de refuser les cérémonies religieuses au moment de leur mort, on considérait que la participation à la messe dominicale était indispensable pour marquer son appartenance à la communauté, même si on avait des convictions religieuses modérées.

L'abbé Pouget entouré des jeunes gens de la JAC vers 1938

La JAC était d'une certaine manière la première étape de l'entrée dans le syndicalisme agricole, puisque dans le pays la plupart de ses adhérents entrèrent à partir de 1954 au CNJA (Michel Debatisse, secrétaire général du CNJA puis de la FNSEA était auparavant secrétaire général de la JAC [55]).

A la fin de sa vie, le curé Pouget se retira dans le presbytère où il disait une messe chaque jour, aidé par sa sœur dont on dit qu'elle trouvait là la situation idéale pour observer et entendre depuis les hauteurs du village les péchés des sabadellois. Il pouvait y cultiver son potager et, non loin de là, soigner les poules de sa galinière. Il quitta Sabadel en 1963 et ne fut pas remplacé, le diocèse décidant de rattacher l'église de Sabadel à celle de Saint-Cernin. Il est indéniable que cela marqua une rupture pour le village, où le fait religieux ne joua plus jamais le même rôle dans la vie de la communauté.

Un débat a agité par la suite le conseil municipal sur l'opportunité de vendre le presbytère. Certains conseillers opposés à cette vente se sont désengagés de la vie municipale lorsque la décision fut prise [47].

Les derniers charivaris

Nous terminerons cette page de l'histoire de Sabadel par une anecdote, qui est peut-être la plus emblématique de toutes.

Le charivari était une tradition déjà pratiquée au Moyen Age dans de nombreux pays d'Europe, et avait pour objet, alors qu'on ignorait souvent les lois de l'État, de faire respecter les coutumes propres au village. Il punissait ceux qui enfreignaient les règles en les soumettant à la vindicte publique, particulièrement en matière de mariages qui pouvaient tourner la communauté en ridicule [1]. Plus tard, il permettait aussi de régler certaines affaires entre soi, en soustrayant les coupables à la maréchaussée. Dans les temps anciens, il pouvait prendre une forme extrêmement violente, se terminant par des blessures, voire des morts, puis les mœurs s'adoucirent un peu mais la pratique resta longtemps humiliante pour ceux qui la subissaient. On raconte l'histoire de tel notaire véreux, promené nu assis à l'envers sur un âne, la queue de l'animal dans la bouche… Dans ses formes les plus récentes, le charivari était devenu un défoulement collectif bon enfant, sauf sans doute pour ceux qui en étaient victimes, à coup de cris, de sifflets et de concerts de casseroles. Par exemple, *« lorsqu'un veuf ou une veuve avait fait proclamer les bans pour un second mariage, on se procurait tout ce qui produit les sons les plus aigres et les plus discordans (sic), et, dès la fin du jour, on va faire charivari devant la maison du veuf ou de la veuve »* [2]. On faisait aussi charivari lorsqu'un mari était battu par sa femme (mais pas l'inverse !). Et si on ne le trouvait pas, on prenait le voisin qui était coupable de ne pas avoir empêché ce crime ! [56]. Au 19ᵉ siècle, il ne s'adressait finalement plus guère qu'aux remariages, en particulier lorsque la différence d'âge était importante : les jeunes du village protestaient ainsi parce qu'on leur avait volé un promis ou une promise potentiels de leur âge ! Les charivaris étaient organisés le plus souvent devant le domicile des nouveaux époux, qui devaient alors ouvrir leur porte aux « charivariseurs » pour leur offrir quelques verres, et la soirée se terminait dans la bonne humeur, mais peut-être pas sans un sentiment un peu amer de vexation.

Selon le préfet du Lot Delpon, le charivari, aussi appelé calibari dans le département, commençait à disparaitre dans les villes vers 1830. Des historiens contemporains considèrent qu'il a complètement disparu en France au début du 20e siècle, bien que quelques cas aient été rapportés durant la seconde guerre mondiale en Angoumois et en Quercy [12]. Mais un événement qui s'est produit à Sabadel doit leur faire réviser leur datation !

Cela arriva vers 1955, alors que la charcutière de Sabadel, qui était une fort jolie veuve selon la rumeur, a épousé un jeune homme de Lentillac qui avait l'âge de son fils. Un « concert » fut organisé devant chez les mariés par les jeunes de Sabadel (mais aussi quelques moins jeunes) avec cors de chasse, chaudrons utilisés comme tambours et chansons. Sans doute un peu imprudemment, les mariés n'ont pas voulu ouvrir leur porte, ce qui a décidé les charivariseurs à poursuivre leur action les 3 ou 4 jours suivants. Le dernier jour, alors que les mariés tentaient de s'enfuir à Lentillac, un guetteur que les charivariseurs avaient posté sur la route de la Sagne les repéra et le charivari a repris dans la commune voisine. Cette fois, la porte a été ouverte et tout s'est terminé autour des quelques verres traditionnels.

Que nous dit cette histoire de ce qu'était encore Sabadel peu après la dernière guerre ? Les historiens et les sociologues s'accordent pour dire que la survivance tardive de coutumes et de pratiques anciennes, abandonnées ailleurs, sont la caractéristique de communautés isolées et fermées, à l'écart de l'évolution de la société en général. Il faut bien admettre que ces considérations sont en partie au moins transposables à Sabadel, même si cette communauté fut paradoxalement en phase avec son temps, voire en avance, dans le domaine de l'éducation. Le charivari n'est d'ailleurs pas la seule coutume cruelle qui a survécu à l'entrée dans le 20e siècle. L'une d'entre elles, pratiquée à Sabadel au moins jusque dans la première partie du 20e siècle, consistait à tracer un chemin de paille ou de cendres entre le domicile d'une femme ayant accouché d'un enfant illégitime et celui du père présomptif.

Sabadel vers un autre destin

L'isolement du village s'est poursuivi d'une certaine manière bien après la seconde guerre mondiale, en ce sens qu'on vivait encore beaucoup entre soi, et que peu de personnes qui n'étaient pas originaires de Sabadel venaient s'y installer. Dans les années 1950, presque toutes les maisons du Bourg, qui étaient en mauvais état, étaient abandonnées et en vente [41]. C'est dans ces années que quelques vacanciers prirent l'habitude de venir au village pour leurs vacances d'été. Les sabadellois quant à eux étaient des « oubliés des vacances », comme la plupart des agriculteurs français parmi lesquels seuls 8% prenaient des vacances au début des années 1960 [55]. Ils étaient sans doute encore moins nombreux à Sabadel. Ces vacanciers qu'ils voyaient arriver l'été avaient le plus souvent des liens de parenté avec des familles du village, ce qui ne les empêchait pas de se voir traiter, certes avec un grand sourire, de « parigots », voire de « doryphores » ! Quelques maisons furent alors remises en état, et certains de ceux-là, qu'on appellera alors des « implantés », commencèrent plus tard à s'y installer pour leur retraite. Ils n'étaient pas tout à fait des « étrangers », mais pas non plus considérés comme des « vrais » sabadellois. Puis c'est à la fin des années 1980 que la vague d'engouement des britanniques pour le Lot débuta à Sabadel avec l'achat des premières résidences secondaires. Beaucoup d'autres suivront, venant de divers pays d'Europe du nord. Dans la période la plus récente, c'est l'installation de retraités venus de diverses régions de France qui contribua à maintenir le faible niveau de population du village. Pour tous ceux-là, quelle que soit leur nationalité d'origine, force est de constater que l'intégration à la population du village n'est que partielle, bien qu'on voit beaucoup d'entre eux dans toutes les (rares) manifestations organisées à Sabadel. Une personne arrivée à Sabadel en 1984 pour y épouser un agriculteur témoigne de ces difficultés d'intégration en disant avoir été accueillie à Sabadel comme « la parisienne », qui selon certains ne resterait pas longtemps dans cette campagne. Mais elle affirme avoir été globalement bien reçue et surprise par la familiarité des gens du village, qui tutoyaient systématiquement. Elle considère qu'elle ne s'est vraiment socialisée à Sabadel que lorsque ses enfants sont entrés à l'école. Mais trente ans plus tard, elle s'entend encore dire « *Toi, tu ne peux pas comprendre, tu n'es pas d'ici* ». Ces remarques rappellent les observations faites par John Merriman, installé dans son village de l'Ardèche depuis plus de trente ans, où ses enfants sont nés et sont allés à l'école :

« Residents of the village who were not born there are still referred to, without malice, as "estrangers" (outsiders, and not necessarily foreigners). One is accepted as one participates in village events —

above all with the school... But we remain "estrangers", as do our friends who came here from the north of France, yet we are integrated in the village life" [6] (« On fait toujours référence aux résidents du village qui ne sont pas nés ici, sans malice, comme des « étrangers » (venant d'ailleurs, pas nécessairement d'une autre nationalité). On vous accepte si vous participez à la vie du village – par-dessus tout en ce qui concerne l'école... Mais nous demeurons des « *estrangers* », tout comme nos amis venant du nord de la France, même si nous sommes intégrés à la vie du village »).

Cette difficulté d'intégration des « rurbains » très souvent décrite n'est pas de la seule responsabilité des « autochtones ». Ayant longtemps vécu dans un environnement urbain, dans une autre culture, souvent dans un autre milieu social, les citadins ont parfois du mal à comprendre les préoccupations et les aspirations du monde rural, à en assimiler ses codes, et à en mesurer le poids de son passé. Avec ses mots à lui, un ancien d'un village voisin l'exprimait récemment pas ces propos : « *Tous ces étrangers qui sont arrivés, c'est bien, ça fait revivre le village. Mais ça change les mentalités...* ».

Mais cette nouvelle mutation des villages ruraux est une autre histoire, qui pour Sabadel commençait à peine alors que celle que nous avons voulu raconter ici se terminait en 1989. En juillet de cette année là, les enfants de l'école de Sabadel, entourés d'adultes de la commune, plantaient un Arbre de la Liberté près de l'église pour fêter le bicentenaire de la Révolution Française.

Arbre de la Liberté, juillet 1989

POSTFACE

Les souvenirs de mon enfance à Sabadel, la lecture des archives de mes familles sabadelloises paternelle et maternelle m'ont motivé pour participer avec Michel Magot à la restauration de la mémoire de la vie courante à Sabadel depuis la révolution jusqu'à la fin du 20ème siècle. Périodiquement quelques découvertes qui ont marquées Sabadel vous ont été présentées.

L'objectif final était d'écrire un livre retraçant l'évolution de notre société, les événements qui ont rythmés le long chemin des Sabadellois pendant cette période.

Ce livre que vous venez de lire est l'œuvre de Michel Magot. C'est lui qui a pris l'initiative des contacts avec certains d'entre vous, des recherches dans les archives, les anciens journaux et publications diverses dont celle imposante de J.A Delpon.

C'est surtout lui qui a rédigé, avec rigueur et sérieux, semaine après semaine, le bilan de la vie dans notre village du causse. La promenade est incessante entre les affaires marquantes, les anecdotes des femmes et des hommes, des plus humbles aux plus connus, et auquel il est rendu hommage pour la part qu'ils prirent à notre présent.

Soyons reconnaissant à Michel pour cet ouvrage aussi complet et passionnant.

Nous **aimons Sabadel** ainsi que concluait Edouard Magot dans un poème :

Pourtant nous aimons Sabadel
Son clocher, ses coteaux en friche
Son ruisselet où boit l'agnel
Pourtant nous aimons Sabadel
Ses vieux murs où le lézard niche
Tel quel nous aimons Sabadel
Son clocher, ses coteaux en friche

Jean Blanc
Colonel honoraire de l'Armée de l'Air

Bibliographie et références

[1] J. Lartigaut. Histoire du Quercy. Privat, 1995.

[2] J.-A. Delpon. Statistique du département du Lot. Bachelier, Paris, 1831.

[3] M. Biard, P. Bourdin et S. Marzagalli. Histoire de France - Révolution, consulat, empire - 1789-1815. Belin, 2009.

[4] Cahiers de doléances de la Sénéchaussée de Cahors pour les Etats-généraux de 1789. Département du Lot. gallica.bnf.fr / Bibliothèque nationale de France.

[5] Actes de l'Etat Civil de Sabadel-Lauzès 1802-1902. Archives numérisées. Archives Départementales du Lot. http://archives.lot.fr

[6] J. Merriman. The stones of Balazuc - A french village through times. W.W. Norton & Company, 2002.

[7] F. Petitjean. Lentilhac du Causse - Un village du Causse de Gramat des origines au XXe siècle. Association Quercy.net, 1996.

[8] M. Magot. Entretien avec Jeanine Sansépée, 28 octobre 2014.

[9] E. Baux. 1789 - Le Quercy entre en révolution. Archives Départementales du Lot, 1988.

[10] J. Lartigaud. Le Quercy après la guerre de cent ans : aux origines du Quercy actuel. Quercy Recherche, 2001.

[11] A. R. Clary. Dictionnaire des paroisses du diocèse de Cahors. Imprimerie Tardy, Cahors, 1986.

[12] E. Weber. La fin des terroirs - La modernisation de la France rurale 1870-1914. Fayard, Editions Recherches, 1984.

[13] M. Magot. Entretien avec Yvonne Mazot, 7 janvier 2015.

[14] J.-F. Vidal. Mémoire incomplet rédigé pour le préfet du Lot vers 1880. Archives privées de Jean Blanc.

[15] M. Magot. Entretiens avec Daniel Couderc, 10 novembre et 4 décembre 2014.

[16] M. Magot, Entretien avec Fernande Pons, 13 février 2015.

[17] A. Moulin. Les paysans dans la société française - De la Révolution à nos jours. Seuil, 1988.

[18] S. Aprile. Histoire de France - La révolution inachevée - 1815-1870. Belin, 2010.

[19] Listes nominatives de recensement - Archives numérisées 1836-1911. Archives Départementales du Lot. http://archives.lot.fr/a/7/

[20] F. Ploux. Guerres paysannes en Quercy - Violences, conciliation et répression pénale dans les campagnes du Lot (1810-1860). La Boutique de l'histoire, 2005.

[21] Cadastre napoléonien restauré. Mairie de Sabadel-Lauzès.

[22] J.-L. Marcouly. Caniac du Causse en Quercy - De l'origine à nos jours. Editions de la Bouriane, 1998.

[23] M. Agulhon, G. Désert, R. Specklin et G. Duby. Histoire de la France rurale. Tome 3 : de 1789 à 1914. Seuil, 1992.

[24] Journal du Lot. Archives complètes numérisées. Archives départementales du Lot. http://archives.lot.fr/f/Presse/

[25] M. Magot. Entretiens avec Simone Rouquié, 15 et 24 août 2014.

[26] M. Magot. Entretiens avec Michel Couderc, 24 octobre et 12 novembre 2014.

[27] Archives Départementales du Lot. EDT 245 1 M 1.

[28] Archives Départementales du Lot. EDT 245 1 M 2.

[29] Archives Départementales du Lot. EDT 245 1 D 1.

[30] M. Magot. Entretiens avec Marie-José Delsériès, 15 juin et 18 août 2016.

[31] V. Duclert. Histoire de France - La république imaginée - 1870-1914. Belin, 2014.

[32] C. Constant-Le Stum et E. Baux. De la voie romaine à l'autoroute - Deux millénaires d'histoire routière. Archives Départementales du Lot, 1999.

[33] L'Express du Midi. Bibliothèque municipale de Toulouse. Archives numérisées 1891-1938. http://catalogues.toulouse.fr

[34] J. Fourastié. En Quercy - essai d'histoire démographique. Quercy Recherche, Cahors, 1986.

[35] N. Beaupré. Histoire de France - Les grandes guerres - 1914-1945. Belin, 2014.

[36] M. Magot. Entretien avec Berthe Combelles, 13 mars 2015.

[37] G. Serin. Victor Bastide - De Sabadel-Lauzès à la cour de Russie. Bulletin de la Société des Etudes du Lot, pp. 262-290, Juillet-septembre 2017.

[38] Article Conseil de fabrique de Wikipédia en français (http://fr.wikipedia.org/wiki/Conseil_de_fabrique). Contenu soumis à la licence CC-BY-SA 3.0 (http://creativecommons.org/licenses/by-sa/3.0/deed.fr).

[39] M. Magot. Entretiens avec Eva Bruyère, 22 janvier et 15 février 2016.

[40] M. Magot. Entretien avec Jean Blanc, Novembre 2014.

[41] M. Magot. Entretiens avec Jacqueline Bruno, 30 mars et 30 avril 2015.

[42] S. Villes et D. Cambon. 1914-1918 - Les lotois dans la Grande Guerre - Tome II : l'arrière. Les Cahiers historiques du Grand Cahors, 2011.

[43] Le Réveil du Lot, 4 novembre 1914.

[44] M. Gervais, M. Jollivet, Y. Tavernier, G. Duby et A. Wallon. Histoire de la France rurale - Tome 4 : La fin de la France paysanne - De 1914 à nos jours. Seuil, 1977.

[45] J. Fourastié. Les trente glorieuses ou la révolution invisible de 1946 à 1975. Fayard, 1979.

[46] La Défense (Croix du Lot), 1er décembre 1929.

[47] M. Magot. Entretien avec Jeanine Vinnac, 6 février 2015.

[48] C. Malraux. La fin et le commencement. Grasset, 1976.

[49] Article 2e division SS Das Reich de Wikipédia en français (http://fr.wikipedia.org/wiki/2e_division_SS_Das_Reich).Contenu soumis à la licence CC-BY-SA 3.0 (http://creativecommons.org/licenses/by-sa/3.0/deed.fr).

[50] F. Sauteron. Deux beaux salauds - La rafle du Figeacois des 11 et 12 mai 1944. L'Harmattan, Paris, 2011.

[51] M. Magot. Entretiens avec Jeannette Lacoste, 23 juin et 14 novembre 2016.

[52] J. Delsériès. Au gré du vent... Loisirs poétiques. Imprimerie Dhiver et Fils, Cahors, 1983.

[53] J. Blanc. Entretien avec Robert Périé, 17 février 2015.

[54] M. Magot. Entretiens avec Serge et Christiane Bastide, 21 et 29 janvier 2015.

[55] M. Zancarini-Fournel et C. Delacroix. Histoire de France - 1945-2005 - La France du temps présent. Belin, 2010.

[56] E. Armand. Le meunier de Ganil. J. Girma éditeur, 1886.

[57] E. Albe. Monographie. Archives Association Quercy.net.

[58] A. Corbin. Le monde retrouvé de Louis François Pinagot. Flammarion, 2016.

[59] C. Constant-Le Stum. Le Lot vers 1850 - Recueil de monographies cantonales et communales établies par les contrôleurs des contributions directes. Archives Départementales du Lot, 2001.

[60] Article Grande Peur de Wikipédia en français (http://fr.wikipedia.org/wiki/Grande_Peur). Contenu soumis à la licence CC-BY-SA 3.0 (http://creativecommons.org/licenses/by-sa/3.0/deed.fr).

[61] Article Abdolonyme de Wikipédia en français (http://fr.wikipedia.org/wiki/Abdolonyme). Contenu soumis à la licence CC-BY-SA 3.0 (http://creativecommons.org/licenses/by-sa/3.0/deed.fr).

TABLE DES ILLUSTRATIONS

Maison du sabotier Saillens construite en 1734	12
Cloche de 1784 : empreinte de lézard et détails de l'inscription	15
La cloche de 1784	16
La maison Rives	17
Arrêté du 21 brumaire an V	22
Blason visible sur un bâtiment de ferme près de l'église	23
Le bourg de Sabadel en 1828	34
Une mesure ancienne, non datée, retrouvée dans une maison de Sabadel	35
Publicité de l'épicerie Pégourié	37
Métiers artisanaux ou emplois exercés à Sabadel. Recensements de 1836 et 1872	38
L'église de Sabadel	40
Manuel de l'école des filles de 1853	43
Maison de l'ancienne école des filles	44
L'école de 1895	47
Le Pont de Sabadel	49
Carte de 1862 mentionnant les nombreux chemins de Sabadel	51
Congé de Libération de Vincent Saillens	53
Vue du village	55
Répartition des habitants de Sabadel dans les lieux-dits (Recensement de 1872)	56
Démographie de Sabadel et du département du Lot	57
Cyprien Amadieu et sa famille à Chéraga en 1891	60
Certificat de bonne conduite signé par Jean-Pierre Bastide pour Cyprien Amadieu	61
Famille de Victor Noël Bastide en Argentine vers 1925	64
La famille Bastide vers 1910	65
Montre en or aux armoiries du Tsar de Russie	67
Certificat de la remise de décoration par le Tsar	68
Extrait d'une lettre de 1907 que Victor Bastide adressait à sa sœur	71
Maires et curés de Sabadel de 1789 à 1989	77
La caserne	79
La Sagne et le lavoir	86
Portrait de Jean-Louis Blanc	87
Horloge de l'église de Caniac	87
Métiers de l'artisanat et du commerce, recensements de 1870 à 1914	88
Galoches confectionnées par Vincent Saillens	90
En-tête commercial de Vincent Saillens	90
Vincent et Julie Saillens vers 1910	91
Extrait du livre de comptes de l'épicerie Saillens de 1913	92
Publicité de l'épicerie Blanie, vers 1900	93
La Caminade, le Presbytère et les Roucans vers 1900	95
Peinture anonyme du village de Sabadel, 1875	96
Le bourg de Sabadel vers 1900	97
Le lac de Sabadel	98
La fontaine du Gruat et son tunnel	99
Aubade un matin de fête devant la maison Rives vers 1900	100
Les sabadellois morts pour la France en 1914-1918	102
L'abbé Léon Blanc parmi les membres de sa famille en 1907	103
Jean-Louis Bastide et son épouse	104
Citation de Jean-Louis Bastide	105

Lecture de La Dépêche dans la maison de la famille Rouchayroles en 1904 — 108
Chasseurs vers 1950 — 111
Le forgeron Rouchayroles et ses machines agricoles au Pont vers 1935 — 112
Bœufs attelés à une moissonneuse-lieuse — 112
Four à pain restauré de la ferme du Gruat — 114
Buttoir en métal utilisé jusque vers 1970, retrouvé dans un roncier de Sabadel — 114
La ferme au Pont vers 1935 — 116
L'épicerie Régis vers 1940 — 118
La première épicerie Vinnac, devenue atelier d'horloger dans les années 1960 — 119
Une des premières factures d'installation électrique de Sabadel — 120
La 5 cv Citroën dite « Trèfle » — 121
Permis de conduire du maire de Sabadel, 1938 — 121
Les instituteurs et institutrices de Sabadel de 1840 à la seconde guerre mondiale — 122
Théophile Capoulade et sa classe de garçons en 1920 — 124
Représentation de Monsieur Dumolet, 1944 — 125
Groupe de jeunes sabadellois après guerre — 130
Le centre du bourg vers 1950 — 131
Un tracteur des années 1960. Ferme Bastide — 132
Un des derniers attelages de Sabadel, à Ferrasse vers 1960 — 133
Battage collectif : la batteuse et le plongeon — 134
La ferme de la Croix de Ferrasse vers 1980 — 136
Le village de Sabadel aujourd'hui — 140
Lavage du linge au lavoir vers 1965 — 141
Le lavoir et la fontaine du Pesquié — 143
La voiture de l'horloger vers 1960 — 145
Yvonne Sindou, Ernest Paganel et leurs élèves vers 1950 — 146
Ronde d'enfants au Pont vers 1950 — 147
Sortie scolaire à la mine de Decazeville — 149
En-tête de la charcuterie Cabessut — 150
Pompe AZUR du Pont de Sabadel, vers 1950 — 151
L'épicerie-café et la poste rurale vers 1955 — 152
Le véhicule de la poste rurale vers 1950 devant la maison Vinnac — 153
L'horloger dans son atelier vers 1965 — 154
A la Sagne, poème de Jules Delsériès — 156
Jeunes de Sabadel en compagnie des musiciens de la fête devant le café Vinnac vers 1950 — 157
Raymond Magot, dernier sonneur de Sabadel — 159
Autel des Rogations, 1937 — 160
L'abbé Pouget entouré des jeunes gens de la JAC vers 1938 — 161
Arbre de la Liberté, juillet 1989 — 165

CREDITS

Sauf mention contraire, les photographies, images, graphiques et tableaux ont été produits par l'auteur et sont sa propriété.

Autres documents : p.5 : photo aérienne Google Earth ; p.7 : IGN Géoportail ; p.22 : Maître Faurie-Grépon ; p.51 : Mairie de Sabadel-Lauzès ; p.37 : Archives Départementales du Lot ; pp.43, 53, 90 (droite), 91, 92, 120, 141 : Jacqueline Bruno ; p.55, 87 (gauche), 95, 100, 103, 108, 112, 116, 118, 121, 125, 131, 147, 151, 160 : Jean Blanc ; p.60, 61, 150 : Simone Rouquié ; p.64, 65, 68, 71, 104, 105, 132, 134, 161 : Serge Bastide ; p. 90 (gauche) : Mary MacMaster ; p. 93, 96 : Jeanine Sansépée ; p.97 : Christophe Pélaprat ; p. 111, 157, 165 : Marie-Josée Delsériès ; 119, 153, 154: Jeanine Vinnac ; p.121 : Pixabay ; p.130 : Robert Périé ; p.133 : Fernande Pons ; 149 : Jeanne Lacoste.

En dépit de nos recherches, nous n'avons pas pu identifier les auteurs des photographies présentées en pages 124 et 146. S'ils se font connaitre, ils seront cités et remerciés dans une prochaine édition de cet ouvrage.

À PROPOS DE L'AUTEUR

Michel Magot est né à Paris en 1952. Docteur en microbiologie et Professeur des Universités, il est l'auteur d'une centaine d'articles scientifiques et a co-édité un ouvrage en langue anglaise, *Petroleum microbiology*. Il est venu vivre sa retraite dans le village de Sabadel où vécurent ses ancêtres, les laboureurs et charpentiers de Ferrasse.

www.ingramcontent.com/pod-product-compliance
Lightning Source LLC
Chambersburg PA
CBHW080555090426
42735CB00016B/3241